Gewidmet

Ruth Gabriele Silten
und ihrer Familie aus Berlin
und Familie Cossen aus Norden

Monika Felsing (Hg.)

Geschichtswerkstatt

„Deutschland auf der Flucht.
Exil in Amsterdam Zuid 1933-1945"

22. Mai 2022,
Villa Ichon,
Goetheplatz 4, Bremen

Das europäische Gedenkprojekt des Lastoria e.V.
und der Silten Preis 2022

Bibliografische Information der Deutschen Nationalbibliothek
Die Deutsche Nationalbibliothek verzeichnet diese Publikation in der Deutschen Nationalbibliografie; detaillierte bibliografische Daten sind im Internet über www.dnb.de abrufbar.

Gestaltung: Wolfgang Rulfs
www.wolfgang-rulfs.de

Herstellung und Verlag: BoD – Books on Demand, Norderstedt

ISBN 9783757808365

Inhaltsverzeichnis

Vorwort

Erinnerungen retten, Gedenken lebendig halten: Die Geschichtswerkstatt „Deutschland auf der Flucht" unseres Bremer Geschichtsvereins Lastoria im Mai 2022 in der Villa Ichon hat Profis und Ehrenamtliche und andere Interessierte in Kontakt gebracht und unterschiedliche Formen und Aspekte der Erinnerungsarbeit vorgestellt.

Dieser Band enthält Redemanuskripte, soweit sie zur Veröffentlichung bestimmt waren, eine Beschreibung des Gedenkprojektes „Deutschland auf der Flucht" und einen Bericht über die Geschichtswerkstatt, die einzelnen Bewerbungen um den Silten-Preis, die Jury-Stimmen und Lobreden. Die gelesenen Autobiografien von vier Child Survivors werden in Auszügen wiedergegeben und um ein Kurzportrait der Familie Silten und des Ehepaars Wolff ergänzt. Die Inhaltsverzeichnisse der vier Podcast-Folgen über die Geschichtswerkstatt stehen im Anhang. Der Mitschnitt der ganztägigen Geschichtswerkstatt ist stark gekürzt. Die dem Mitsingkonzert von Burghard Bock und Veronika Bloemers entnommenen Lieder rahmen die Wortbeiträge ein oder kommentieren sie. Die vier Folgen des Podcasts in einer Länge von jeweils 30 bis 54 Minuten finden sich in der Mediathek von www.monikafelsing.de.

Der Lastoria e.V. dankt als Veranstalter dem Freundeskreis der Villa Ichon dafür, dass solche Veranstaltungen in diesen wunderschönen historischen Räumen möglich sind, und Kerstin Thompson als unserer dortigen Ansprechpartnerin. Danke auch an „Erinnern für die Zukunft", an Amnesty International und an Ilona Riek (FID), stellvertretend für einige andere, für das Verbreiten der Nachricht. Außerdem an das Familienunternehmen Dräger in Lübeck und an das Niederländische Honorarkonsulat in Bremen für die Unterstützung.

Unser Respekt gilt den Zeitzeuginnen und Zeitzeugen, die ihre traumatischen Erinnerungen, ihren eigenen Schmerz und ihre Trauer um geliebte Menschen auf so vielfältige Weise mit anderen Generationen geteilt und dafür mehr auf sich genommen haben, als wir ermessen können. Unermüdlich haben sich R. Gabriele S. Silten und so viele andere Überlebende des Holocaust und anderer NS-Verbrechen gegen das Vergessen, für Verständigung, Frieden und Menschenrechte eingesetzt. Noch können wir einigen Child Survivors persönlich begegnen, doch ihre Zahl wird kleiner, und viele derjenigen, die trotz ihres Alters bereit wären, mit Schulklassen oder bei Stolperstein-Verlegungen zu sprechen, können die Anstrengungen von Vorträgen und Reisen nicht länger auf sich nehmen. Es bleiben unter anderem ihre Interviews auf Seiten wie der des United States Holocaust Memorial and Museum (USHMM), Ausstellungen in Museen, die Erinnerungen derer, die sie getroffen haben, Gedenkprojekte, Autobiografien, Holocaustgedichte und die Bücher und Portraits, die über sie geschrieben worden sind. Ihr Vermächtnis ist längst unsere Verpflichtung.

Steine und Rosen
gegen das Vergessen

Monika Felsing

Eine Mädchenskulptur und vier Stolpersteine erinnern am Merwedeplein daran: Im Flüsseviertel (Rivierenbuurt) im Süden von Amsterdam waren Frauen, Männer und Kinder auf der Flucht vor den Nazis im Exil. Menschen aus dem heutigen Hessen, Baden-Württemberg, Rheinland-Pfalz, Nordrhein-Westfalen, Berlin, Bremen, Hamburg, dem Saarland, dem Elsass, aus Bayern, Schleswig-Holstein, Niedersachsen, Mecklenburg-Vorpommern, Sachsen, Thüringen, Polen, Tschechien und Österreich. Im Buchladen um die Ecke hat Otto Frank das Tagebuch für seine Jüngste gekauft. In einem der Wohnblocks hatte die bayerische Fotografin Annemie Wolff ihr Fotostudio. Unbegleitete Kinder und Jugendliche lebten dort, von ihren Eltern über die Grenze geschickt. Alte Leute. Familien und Singles. In den Niederlanden waren sie sicher. Bis zum Einmarsch der Wehrmacht 1940.

Wer waren die Flüchtlinge in Amsterdam Zuid? Wer hat ihnen geholfen? Was ist aus ihnen geworden? Darum geht es bei „Deutschland auf der Flucht". In diesem Projekt knüpft unser Geschichtsverein Lastoria seit 2016 Kontakte in den Niederlanden, in Deutschland, in anderen europäischen Ländern, aber auch in Israel und den USA. Austausch zu fördern, über Grenzen und Generationen hinweg, und vor dem Hintergrund heutiger Migrationsdebatten an deutschsprachige Flüchtlinge der NS-Zeit zu erinnern, sind zwei der Ziele dieses internationalen Projektes.

Erinnerungskultur, Demokratie und Menschenrechte sind zentrale Themen unseres 2008 gegründeten Geschichtsvereins. Schon seit den Recherchen zum Bremer Varieté „Astoria" haben wir uns auch mit erzwungener Emigration beschäftigt, zum Beispiel mit dem Exil der jüdischen Diseuse Olga Irén Fröhlich („Unser Astoria", „Künstlerleben in Hamburg und Bremen" und digitalisierte Fotoalben auf der Website des Jüdischen Museums Berlin). Bei der Suche nach ihren Spuren in der Schweiz ist der Kontakt zum Baseler Zweig der Familie Frank zustande gekommen. Schon bald nach meinem Besuch bei den beiden in der Herbstgasse waren Annes und Margots Cousin Buddy Elias (1925-2015) und seine Frau Gerti Elias für eine Lesung („Grüße und Küsse an alle. Die Geschichte der Familie von Anne Frank" von Mirjam Pressler und Gerti Elias) in Bremen. „Meine Religion ist der Humanismus", hat Buddy damals gesagt. Bis zu seinem Lebensende engagierte er sich im Stiftungsrat des Anne Frank Fonds, warnte vor rechten Parteien in Europa und trat für die Versöhnung von Palästinensern und jüdischen Israelis ein. Das Buch „Künstlerleben in Hamburg und Bremen" enthält auch ein Kapitel über das Schauspielerehepaar. Es ist in kleiner Auflage erschienen und inzwischen zusätzlich auf meiner Website zu lesen. Dort stehen auch weitere frei zugängliche Dokumente, wie die vergleichende Betrachtung zum „Verlorenen Zug", für die ich die niederländische Gedenkplattform Joods Monument und die Tröbitzer Daten herangezogen und um weitere Informationen ergänzt habe.

Warum Amsterdam Zuid? Die Zahl der deutschsprachigen Flüchtlinge in den Niederlanden war so groß, dass es sinnvoll ist, einen Schwerpunkt zu setzen. Unsere ersten Recherchen in Amsterdam galten Betty Baer, geborene Sondheim aus Ober-Gleen, die mit ihrem aus Frankfurt am Main stammenden Ehemann Karl und ihrem in Köln geborenen Sohn Alfred in der Biesboschstraat gemeldet gewesen war, während ihr jüngerer

Sohn, Herbert, zunächst in England Zuflucht gefunden hatte. Das Schicksal ihrer Familie wird in unserer Buchreihe über ihr hessisches Heimatdorf Ober-Gleen und in dem Hörbuch „Jiddisch Leben" geschildert. Bettys Nachbarinnen und Nachbarn im Flüsseviertel sind weitere Recherchen gewidmet. Die Namen der Baers stehen auf Joods Monument, auch der von Werner Deutschland aus Bremen-Hemelingen und mehr als 104 000 andere Menschen. Nach Werner Deutschland ist unserer Amsterdam-Projekt benannt. Ein Namensvetter aus Berlin hat in Brüssel überlebt.

„Deutschland auf der Flucht". unsere Geschichtswerkstatt im Mai 2022 in der Villa Ichon, war zum Austausch von Erfahrungen und zum Netzwerken gedacht. Deutsche und niederländische Forscherinnen sprachen über ihre Recherchen und über neue und erprobte multimediale Formen der Erinnerungskultur. Mit Flüchtlingsschicksalen in Amsterdam Zuid hat sich Christine Kausch (Münster/Berlin) in ihrer Doktorarbeit befasst. Barbara Ebeling vom Bremer Initiativkreis Stolpersteine sprach über Bremer Stolpersteine mit Bezug zu Amsterdam, John Gerardu am offenen Mikrofon über seine Recherchen für „Erinnern für die Zukunft" und die Berliner Apothekerin Anke Grabow über ein Audioprojekt mit O-Tönen von R. Gabriele S. Silten, das sie gemeinsam mit ihrem Sohn, dem Schauspieler Lorenz Grabow, umgesetzt hat und das im Januar 2023 in den ehemaligen Räumen der Sauerstoffzentrale von Ernst Silten in Berlin eine eindrucksvolle Premiere hatte. Im Publikum unter anderem: die aus Bremen stammende Schauspielerin Anna Stieblich und die Schriftstellerin Bärbel Reetz.

Mehrfach ausgezeichnet worden ist das Projekt „Aus den Akten auf die Bühne", das neben szenischen Lesungen zu unterschiedlichen geschichtlichen Themen inzwischen auch eine App für einen Audiowalk mit Stationen des Lebens der Familie Rosenberg aus Bassum umfasst. Die Historikerin Anja Hasler hat ihn stellvertretend für Eva Schöck-Quinteros (Universität Bremen) und Peter Lüchinger (Bremer Shakespeare Company) in der Villa Ichon vorgestellt.

Ein musikalischer Bremer Beitrag speziell zum Gedenken an NS-Opfer ist „A Rose for Nettie Green" (2011), eine Ballade, komponiert zur Erinnerung an Netti und Julius Grün und ihre Tochter Inge aus der Daniel-von-Büren-Straße 54, die in Minsk ermordet worden sind. Der Musikclip des 2016 verstorbenen irischen Sängers und Liedermachers Paul Lindsay und des neuseeländischen Filmemachers Alasdair Jardine mit Ensemblemitgliedern der Bremer Shakespeare Company ist zugleich Spurensuche, Klage, Solidaritätsbekundung und Mahnung.

Das Publikum der Geschichtswerkstatt war nicht nur zum Mitdiskutieren, sondern auch zum Mitmachen eingeladen. Wie fühlt es sich an, in den Niederlanden sprachlich neu anzufangen? Wie bittet man in Amsterdam um Hilfe, wie fragt man nach dem Weg? In einem der vier Podcasts sind Szenen aus dem Niederländisch-Crashkurs von Emma Lehbib zu hören, einer Absolventin des Bremer Hermann-Böse-Gymnasiums mit Wurzeln in der von Marokko besetzten Westsahara, die in Groningen Internationales Recht studiert. Ihre Frage-und-Antwort-Übungen sind bei den Teilnehmerinnen und Teilnehmern gut angekommen – wie das Mitmachkonzert mit jüdischer Musik von Burghard Bock (Paradawgma) aus Bremen und Veronika Bloemers aus Hessen.

Bewegend war die Lesung aus Kindheitsbiografien, gestaltet von Erika Thies aus Worpswede, Regina Dietzold, Beruta Adolf und Jürgen Moser aus Bremen. „Die Referate waren durchweg von großer Prägnanz und Originalität", bescheinigte ein Teilnehmer den Referentinnen. Besonders gewürdigt wurden auch die Recherchen von Stolpersteingruppen und anderen Ehren-amtlichen, die noch sehr viel stärker mit der Forschung an Universitäten und anderen Institutionen vernetzt werden müssten, damit in der biografischen Forschung Lücken geschlossen werden können.

Über die grüne Grenze sind in der NS-Zeit selbst Minderjährige vor Hitler in die Niederlande geflohen. In Waisenhäusern und bei Privatleuten kamen die Kinder und Jugendlichen unter, bis sie ihre Flucht fortsetzten, untertauchten oder deportiert wurden. Eines dieser Kinder, Uli Herzberg (1927-1943) aus Hannover, lebte von November 1939 und Januar 1942 bei den Großeltern von Miriam Keesing in Amsterdam. Als die Pianistin 2008 mehr über ihn erfahren wollte, entdeckte sie, „dass dies eine leere Seite in der Geschichte der Shoah war", wie sie es ausdrückt. Das war der Auslöser für ihre Nachforschungen, die bis heute andauern und auf der Website ihrer Stiftung DOKIN (Duitse Orloogskinderen in Nederland) dokumentiert sind. Zwischen der Pogromnacht im November 1938 und dem Kriegsbeginn 1939 kamen nach ihren Erkenntnissen fast 2000 unbegleitete Flüchtlingskinder aus dem „Dritten Reich" in die Niederlande, und sie hat es sich zur Lebensaufgabe gemacht, das Schicksal jedes einzelnen dieser Kinder aufzuklären.

Fast jedes Zweite der 1213 Kinder, die sich 1940 beim Einmarsch der Wehrmacht in den Niederlanden sich noch dort aufhielten, überlebte. „Angesichts des traurigen Prozentsatzes von 75 Prozent ermordeter Juden, die insgesamt aus den Niederlanden deportiert und ermordet wurden, eine erstaunlich hohe Zahl", merkt Miriam Keesing an. Ihr Forschungsprojekt habe Lücken in der Geschichte der Shoah, in der Erinnerung an die über-lebenden Kinder und in den Opferlisten geschlossen. Namen und Gesichter wurden ergänzt. Einige ihrer Forschungsergeb-nisse stehen auf www.dokin.nl online, weitere will Miriam

Keesing zur Grundlage ihrer Dissertation machen. In Bremen hat sie ihren ersten deutschsprachigen Fachvortrag gehalten.

Und sie war nicht die Einzige, die von Amsterdam angereist war: Die Anthropologin An Huitzing, die seit vielen Jahren Schicksale von Verfolgten recherchiert und sich inzwischen im Amsterdamer Stolpersteinprojekt engagiert, hat gemeinsam mit ihrer Tochter Tamara Becker ein Buch über Annemie Wolff (1906-1994), geborene Koller, und deren besonderen Nachlass geschrieben: „Op de foto in orloogstijd. Studio Wolff, 1943". Ausstellungen schlossen sich an. Die Fotografin aus Bayern war mit ihrem jüdischen Mann, dem aus Berlin stammenden Architekten Helmuth Wolff, ins Exil gegangen. Als die Deutschen das Land besetzten, drehten die beiden das Gas auf. Annemie Wolff konnte gerettet werden und schloss sich der Widerstands-gruppe „De onderdoken Camera" an. In ihrem Studio machte sie erstaunliche Porträts von mindestens 400 Verfolgten, Bilder, auf denen viele von ihnen entspannt, entrückt und gelöst wirken, manche sogar fröhlich. Als gäbe es keine Gefahr. Keine Nazis. Keinen Krieg. Kein KZ. Es ist Tamara Becker und An Huitzing gelungen, die meisten der Namen und viele bio-grafische Details herauszufinden. Zu sehen waren die Bilder bisher unter anderem im National Holocaust Museum in Amsterdam und in den USA. In ihrer Heimat ist Annemarie Wolff nach wie vor eine Unbekannte.

Die große Mehrheit der Männer, Frauen und Kinder im Amsterdamer Süden war in ihrer Heimat wegen ihrer jüdischen Abstammung verfolgt worden. Viele hofften darauf, von dort nach Übersee zu gelangen. Das galt auch für die Familie Silten. Ruth Gabriele Silten, ihre Eltern und ihre Großmutter väter-licherseits waren aus Berlin in die Niederlande geflohen. Ein Geschäftsfreund der Apothekerfamilie, Heinrich Dräger aus Lübeck, versuchte, Ernst Silten, den Erfinder des Beatmungsgerätes „Atmos", und dessen Angehörige vor Auschwitz zu bewahren. Die Enkelin Gabriele und ihre Eltern überlebten die Lager Westerbork und Theresienstadt. Jahrzehnte später hat R. Gabriele S. Silten ihre Erinnerungen in zwei Bänden festgehalten, die von mir während der Pandemie in ehrenamtlicher Arbeit übersetzt worden sind und seit 2020 und 2021 auf Deutsch vorliegen: „Zwischen zwei Welten" und „Ist der Krieg vorbei?" (BOD, Norderstedt).

Zur Erinnerung an R. Gabriele S. Silten (1933-2021) und ihre Familie hat der Lastoria e.V. 2022 erstmals einen Preis für Holocaustforschung an Schülerinnen, Schüler und Studierende ausgeschrieben, die einen bleibenden Beitrag zur Erinnerungsarbeit geleistet haben. Die Honorare aus den Buchverkäufen werden dafür verwendet, weitere Spenden eingeworben. Gewidmet ist der Preis dem Andenken der Familie des Berliner Erfinders und Apothekers Ernst Silten, dessen Enkelin Gabriele als Kind gemeinsam mit ihren Eltern Theresienstadt überlebt hat. Die drei waren von Amsterdam aus deportiert worden. Eine deutsch-niederländische Jury hat elf Bewerbungen gesichtet und vier Preise vergeben, einen ersten, zwei zweite und einen dritten. Allen anderen hat sie ihre Anerkennung ausgesprochen.

Die dritte Generation ist dabei, die Geschichte der von den Nazis Verfolgten zu erforschen und etwas dazu beizutragen, dass die Opfer der Shoah, die ermordeten Sinti und Roma, die Opfer des „Euthanasie"-Programms, die in Konzentrationslagern und Gefängnissen umgebrachten Antifaschistinnen und Antifaschisten, die hingerichteten Deserteure und andere, die in Europa und anderen Ländern unter dem NS-Regime oder dem von Hitler angezettelten Krieg gelitten haben, nicht in Vergessenheit geraten. Steine und Rosen werden niedergelegt zu ihrem Gedenken. Und Netzwerke für den Erhalt der Menschenrechte geknüpft.

Nach der Silten-Preis-Vergabe: Lotta Petry (von links), Werner Pfau von der AG gegen Antisemitismus des SZ Rübekamp und die Erstplatzierten aus Bad Iburg und Osnabrück.

Verfolgte Kinder

Als Kind im KZ. Mit oder ohne Eltern über Jahre in einem Versteck. In einem Zug zusammen mit Gleichaltrigen, die in Sicherheit gebracht wurden. Hungernd, frierend, dem Tode nah. Die Child Survivors, die jungen Überlebenden, haben die Verfolgung anders erlebt als die Erwachsenen. Als Zeitzeuginnen und Zeitzeugen sind viele von ihnen erst spät in Erscheinung getreten, manche erst, als ihre Eltern oder andere nahe Verwandte der Elterngeneration nicht mehr lebten. Und erst spät holten sich manche therapeutische Hilfe, um mit den Schrecken ihrer Kinderjahre leben zu können. Wie R. Gabriele S. Silten aus Berlin. Ihre Erinnerungen hat sie in zwei autobiografischen Bänden und in Gedichten niedergeschrieben. Und auch andere haben Bücher veröffentlicht. In der Geschichtswerkstatt haben Bremerinnen und Bremer aus der Hörbuchwerkstatt des Lastoria e.V. Auszüge aus vier Kindheitsbiografien gelesen. An den Wänden: Fotos aus Kriegsgebieten. Eine der Zuhörerinnen hinten im Saal, eine Bremer Lehrerin, war in den Siebzigern als Kleinkind von der marokkanischen Armee mit ihrer Familie aus der Westsahara vertrieben worden. Eine junge Überlebende auch sie.

Ruth Herskovits-Gutmann (aus Hannover), Auswanderung vorläufig nicht möglich, Göttingen 2002, Seiten 69 ff. – gelesen von Regina Dietzold (Bremen).

Die Zwillinge Ruth und Eva Herskovits waren 1928 in Hannover zur Welt gekommen und stammten aus einer ursprünglich ungarischen Familie. Ihre ältere Schwester Greta wurde nach England geschickt, die Zwillinge am 4. Januar 1939 mit einem Kindertransport in die Niederlande, im März starb ihre Mutter.

Pflegefamilien in Leiden nahmen die Mädchen sie auf, doch im November 1941 kehrten die beiden nach Deutschland zurück. Ihr Vater hatte Visa für Kuba erhalten. Der Plan zerschlug sich. Die Familie wurde erst nach Theresienstadt und von dort nach Auschwitz transportiert. Mengele quälte die Zwillinge mit Experimenten. Beide überlebten. Ihr Vater, ihre Stiefmutter Mania, geborene Münzer, und ihre Stiefschwester Lotte starben im Holocaust. Ruth erzählt von der Ankunft im Exil:

Nach der Zerstörung der Synagoge hatten ihre Eltern nach Möglichkeiten gesucht, die Zwillinge ins Ausland zu schicken. Als ihr Vater ihnen erzählt, dass sie auf einen Kindertransport nach Holland sollen, weil Holland näher an Deutschland ist als England, versuchten die Kinder verzweifelt, aber vergeblich, ihre Eltern umzustimmen. Am 3. Januar 1939 ließen ihre Eltern sie von einem Fotografen in der Goethestraße porträtieren. Am nächsten Tag wurden sie zum Hauptbahnhof gebracht und stiegen in einen Zug mit Berliner Kindern. Ruth versuchte, noch einen letzten Blick auf ihren Vater, ihre weinende Mutter und ihre Schwester Grete zu erhaschen. „Ruthchen, setz dich hin", sagte ihre Schwester Eva. „Du kannst sie doch nicht mehr sehen." Ruth ließ sich auf ihren Sitz fallen und landete auf ihrer sorgfältig eingepackten Lieblingspuppe. Das Porzellangesicht und die Holzwiege waren kaputt. „In einer Sekunde habe ich alles zerstört. Wenn Eva mir doch nur nicht gesagt hätte, dass ich mich hinsetzen solle, wenn ich doch nur vorsichtiger gewesen wäre, wenn ich doch bloß noch zu Hause wäre..."

Nachts kamen sie in Amsterdam an. „Wir wurden von den Mitgliedern eines Flüchtlingskomitees begrüßt. Offensichtlich hatten sie uns nicht in dieser Nacht erwartet, denn es gab keine Betten für uns. So verbrachten wir die erste Nacht fern der Heimat auf einem Betonboden ohne Matratzen und mit nur wenigen Decken. Holland, so schien es uns, war nicht ganz das Paradies, als das es unsere Eltern beschrieben hatten."

Am nächsten Tag kamen sie in die Quarantäne in Amsterdam-Zuid in Baracken, in denen Etagenbetten standen. Das Essen schmeckte scheußlich, es war kalt und feucht, und die Kinder sehnten sich nach ihrem Zuhause.

Marion Blumenthal Lazan (aus Hoya), Vier kleine Kiesel (Original: Four Perfect Pebbles), Prolog und erstes Kapitel bis Seite 8, über Marion, ihren Bruder und ihre Eltern in Bergen-Belsen – gelesen von Erika Thies:

„Lange, bevor die Morgendämmerung durch die Fenster der Holzbaracke kroch, rührte Marion sich in Mamas Armen", beginnt die Schilderung aus Bergen-Belsen. „Um sie herum waren die Geräusche der anderen Frauen und Kinder zu hören in ihren dreistöckigen Kojen, die die ganze Baracke ausfüllten. Es war ein Stöhnen, röchelndes Husten und kurzes, durchdringendes Schreien. Und da war dieser immer gegenwärtige Geruch von ungewaschenen Körpern, Krankheit und Tod. Wenn die Wachen kamen, um die Frauen und Kinder zum Appell zu versammeln, suchten sie mit schnellem Blick nach leblosen Körpern."

Die Neunjährige muss mit bitterer Kälte und Hunger klarkommen. Mehr als eine Scheibe Schwarzbrot und eine Tasse wässriger Kohlsuppe gab es nicht. Um sich zu beschäftigen, aber auch, um die Hoffnung nicht aufzugeben, sammelt Marion Kieselsteine. Vier gleiche müssen es sein, einen für ihre Mutter, einen für ihren Vater, einen für ihren Bruder Albert und einen für sich selbst. „Vier perfekte Kiesel", sagte Marion zu Albert. „Einen für jeden von uns, du wirst sehen. Ich werde dir den vierten morgen zeigen." Wenn es ihr gelang, dachte sie, „vier Kiesel von fast exakt gleicher Größe und Form zu finden, bedeutete das, Mama und Papa und Albert und sie würden Bergen-Belsen überleben".

R. Gabriele S. Silten (aus Berlin), Zwischen zwei Welten (Original: Between Two Worlds), Auszug aus zwei Kapiteln über Theresienstadt, gelesen von Beruta Adolf:

„Gleich nach unserer Ankunft in dem großen Raum freunden meine Mutter und ich uns mit einer anderen Frau und ihrem kleinen Sohn an, der zwei Jahre jünger ist als ich. Ihr Mann und ihr älterer Sohn, der ein Jahr älter ist als ich, sind bei den Männern untergebracht. Der Kleinere, Hans, und ich schließen sehr schnell Freundschaft. Von Anfang an sind wir unzertrennlich.

Hans hat helles braunes Haar und braune Augen, die fast immer fragend blicken. Er ist kleiner als ich, aber genauso dünn. Hans ist alles für mich: Bruder, Spielkamerad, Vertrauter. Wären wir älter gewesen, wären wir sicher ein Liebespaar geworden. Aber wir sind zu jung dafür, obwohl wir darüber reden, dass wir heiraten werden, nach dem Krieg, wenn wir erwachsen sind.

Hans ist ein echter Freund, auch wenn meine Puppe Peter mich immer noch überallhin begleitet. Aber Hans kann Dinge, die Peter niemals könnte. Mit Hans kann ich richtige Gespräche führen. Ich bekomme echte Antworten und kann echte Fragen stellen. Hans geht dahin, wohin ich gehe, und ich gehe, wohin er geht. Wir erledigen unsere Aufgaben gemeinsamen, holen gemeinsam das Essen, spielen manchmal zusammen, denken uns Geschichten aus, reden ein bisschen über „vor dem Krieg" und manchmal über „nach dem Krieg", auch wenn keiner von uns wirklich weiß, wann und wie das sein wird.

Wir sprechen darüber, zurück nach Holland zu gehen. Nach dem Krieg werden wir wieder in die Schule gehen, aber keiner von uns beiden erinnert sich wirklich daran, wie das ist. Nach dem Krieg werden wir wieder unsere eigenen Zimmer haben, obwohl wir uns auch nicht mehr wissen, wie sich das anfühlt.

Nach dem Krieg werden wir wieder auf der Straße spielen. Nach dem Krieg werden wir heiraten, und es ist klar, dass wir unser Leben zusammen verbringen wollen. Zwar müssen wir erst erwachsen sein, das wissen wir, aber das scheint kein Problem zu sein: Wir sind schon dabei, es zu werden. Aber manchmal sitzen wir bloß da und sagen überhaupt nichts. Wir sind einfach zusammen. (...)

Von Anfang an habe ich außer Hans vier Begleiter in Theresienstadt. Später, als Hans weg ist, werden sie noch wichtiger werden, aber sie sind um mich von dem Tag an, an dem ich angekommen bin. (...) Hunger ist der erste, der auftaucht. Anfangs ist er klein, aber größer als in Westerbork. Jetzt ist er in seinem Element. Er neckt mich, manchmal auf grausame Weise, indem er mir vom Essen erzählt, vom Essen früher und heute. Er quält mich seelisch und körperlich, zwickt mich, sticht mich, bereitet mir alle Arten von Schmerzen. (...) Also versuche ich, den Hunger zu ignorieren, aber das gelingt mir nicht immer.

Manchmal vertreibt nach einer längeren Weile meine zweite ständige Begleiterin den Hunger, quält aber sich selbst und mich. Ihr Name ist Angst. Sie ist stärker als der Hunger, wenn es darum geht, meinen Geist und meinen Körper zu kontrollieren. Ich mag sie kein bisschen mehr als den Hunger, also spreche ich nicht über sie. Außerdem glaube ich, dass sie manchmal auch Mami und Papi besucht – aber das weiß ich nicht wirklich, weil sie nicht darüber reden. Es gibt Tage, an denen kann ich nur an sie denken. Sie bringt mich dazu, mir ständig über die Schulter zu schauen, um zu sehen, ob jemand beobachtet, was ich tue. Das gefällt mir nicht, also bitte ich meine dritte Gefährtin, mir dabei zu helfen, die Angst zu besiegen.

Kälte und Angst kämpfen eine lange Zeit. Manchmal hat die eine die Oberhand, dann wieder die andere. Die Kälte gewinnt nach mehreren langen Schlachten, und ich bin glücklich über diesen Sieg. Die Kälte nimmt mich an die Hand, hat mich in der Hand, streichelt mit von oben bis unten, sodass ich keinen Hunger mehr spüre und auch keine Angst. Das mag ich, es fühlt sich friedlicher an, strengt nicht so an, und deshalb komme ich mir stärker vor, nicht so müde. Sie streichelt nicht nur meinen Körper, sie streichelt auch meinen Geist, und ein Wunder geschieht: Ich bin von Hunger und Angst befreit. Die Finger der Kälte machen mich taub. Ich habe nicht viele Kleider, aber ich fühle mich nicht unwohl, auch wenn es Winter ist und Schnee die Erde bedeckt. (...) Ich suche immer noch nach Nahrung und anderen nützlichen Dingen, aber obwohl ich weiß, dass sie mich schlagen oder auf mich schießen werden, wenn ich erwischt werde, befreit mich die Kälte von der Angst, sodass ich mehr auf das achten kann, was ich tue. Ich mag die Kälte sehr, sie ist eine wahre Freundin.

Meine vierte Gefährtin ist die beste, weil sie sich am meisten um mich kümmert. Sie geht ganz dicht neben mir, sie hält mich an der Hand oder legt ihre Hand auf meine Schulter oder meinen Kopf. Sie tröstet mich, indem sie das letzte Bisschen von mir betäubt, das die Kälte nicht erreichen konnte. Sie spielt mit mir, bleibt bei mir, wenn ich abends ins Bett gehe, schaukelt mich und singt mich in den Schlaf. Sie ist bei mir, wenn ich morgens aufwache, lächelt mich an und hält mir ihre Hand hin, um mir aufzuhelfen. Sie lehrt mich, sie willkommen zu heißen, mich nie vor ihr zu fürchten, egal, in welcher Gestalt sie mir begegnen würde. Und sie nimmt vielerlei Gestalt an: Verhungern, Krankheit, Schläge, Erhängen. Ich sehe so viel davon, dass ich kaum noch darauf achte. Sie sind ein alltäglicher Anblick in Theresienstadt. Ich sehe, was denen passiert, die meine Gefährtin berührt: Wer mit ihr geht, wird auf einem der offenen

Wagen weggebracht, die von Häftlingen durch das Lager gezogen werden. Ich will nicht mit ihr gehen. Ich suche nicht nach ihr, sie kommt, ohne zu fragen. Ich bin ihr trotz allem dankbar, dass sie sich um mich kümmert. Niemand sonst hat Zeit, sich groß um mich zu kümmern. Ihr Name ist Tod. Und sie ist meine treueste Freundin."

Ruth Stern Gasten (aus Nieder-Ohmen in Hessen), „Zufällig Amerikanerin" (Original: „An Accidental American"), Kapitel „Mein Held", über die erste Zeit im Exil in Chicago (USA), gelesen von Erika Thies:

„Wie sieht ein Held aus? Wie Supermann? Tarzan? König David? Mein Held war ein dünner, fünfzehnjähriger Junge namens Alfred. Seine Nase war zu groß für sein langes, schmales Gesicht. Sein lockiges Haar war mausbraun, und er trug eine dicke Brille. Alfred und ich trafen uns in der Tag- und Nachtkrippe am Douglas Park. Ich sprach nur Deutsch – mit ein paar englischen Brocken, hier und da eingeworfen: „Yes, no, hello, thank you, okay, goodbye." Die Kinder in der Krippe hatten ihre Eltern von den schrecklichen Dingen erzählen hören, die die deutschen Nazis in Europa machten. Ich kam aus Deutschland, also musste ich ein Nazi sein.

Als ich zum Hort ging, traf ich andere Kinder, die auch dorthin unterwegs waren. „Here comes the Nazi!" „Why don't you go back to the Fatherland?" „Dirty Nazi!" So stichelten sie und beschimpften mich laut. Ich rannte zur Tür, huschte in das Gebäude und fand eine Ecke im Spielzimmer, wo ich aus dem Fenster gucken konnte. Ich gab keinen Laut von mir, aber die Tränen flossen nur so.

Alfred war der Einzige, der es bemerkte. Er kam zu mir, legte seine Hand auf meine Schulter und fragte leise: „What is wrong, little girl?" Ich weinte noch mehr, als ich die sanfte Berührung spürte und seine mitfühlende Stimme vernahm. Er hörte mich „Nazi" und „Jude" zwischen Schluchzern sagen. Alfred fand eine Angestellte, die ihm meine Worte übersetzte. Er brauchte nur ein paar Minuten, um sich vorzustellen, was sich genau ereignet hatte: Ich war von ein paar älteren Kindern drangsaliert worden.

Jetzt hatte ich einen Beschützer. Wann immer ein älteres Kind sich mir näherte, kam er herüber und sagte: „Wenn du Ruthchen als Nazi beschimpfst, bekommst du es mit mir zu tun. Sie hat Deutschland wegen der Nazis verlassen, du Idiot!"

Es dauerte nicht lange, bis sich das herumsprach. Alfred passte auf mich auf."

Jona Oberski, Kinderjahre (Original: Kinderjaren). Eines der ersten autobiografischen Bücher über Verfolgung in der NS-Zeit, erzählt aus der Perspektive eines Kindes. Zur Welt gekommen war Jona Oberski 1938 in Amsterdam, als Sohn des Bankkaufmanns Siegfried Oberski (1900-1945) aus Tangermünde und Margarete Frieda Oberski (1905-1945), geborene Förder aus Gleiwitz. Die drei waren nach Bergen-Belsen deportiert worden. Jürgen Moser las aus einem Kapitel, in dem der Transport von Bergen-Belsen nach Auschwitz beschrieben wird, der bei Kriegsende in der Nähe von Tröbitz endete und der „Verlorene Zug" genannt wird. Unter diesen letzten Geiseln Hitlers waren auch Jona und seine Mutter, der Vater war in Bergen-Belsen gestorben.

Seine Mutter hatte ihm gesagt, es gehe nach Palästina, als der Zug in der Dunkelheit von Bergen-Belsen losfuhr. „Ich musste mir die Schuhe anziehen und den Mantel über meinem Schlafanzug zumachen. Mutter legte unsere Kleider auf einen

Haufen zu den Sachen, die sie immer auf einem Tuch bereitliegen hatte."

Als er wach wurde, bewegte sich der Zug nicht mehr. Und er hörte, dass er sehr lange geschlafen hatte. Und dass niemand wusste, wo sie waren, auch die Erwachsenen nicht. „Ich wollte grade fragen, ob mein Vater es auch nicht wisse, als mir plötzlich wieder einfiel, dass er tot war. Ich änderte den Satz ab, damit sie nicht merkte, dass ich es vergessen hatte, und fragte Mutter, ob wir schon weit weg seien von Bergen-Belsen. Sie sagte: ‚Ich glaube, sehr weit, aber Genaues wissen wir nicht, denn der Zug fuhr immer wieder in eine andere Richtung, einmal einen Tag lang nach Osten, dann stand er wieder stundenlang, dann ging es wieder tagelang nach Norden.'"

Fast zwei Wochen waren sie schon unterwegs, und er hatte die meiste Zeit geschlafen. Wenn er wach wurde, hatte er Hunger gehabt, großen Hunger, und es war warm im Zug, weil sie in der Frühlingssonne standen, irgendwo auf ihrem Weg. Jona glaubt seiner Mutter nicht. „Ich hörte sie sprechen und merkte, dass es schlimm für sie wäre, wenn ich es nicht wüsste. Ich streichelte ihre Wange und sagte, sie habe das wahrscheinlich alles geträumt, aber das mache nichts, denn wir säßen ja nun wieder zusammen im Zug."

Bald darauf werden die Insassen des Zuges von der Sowjetarmee befreit. Jonas Mutter aber hat sich mit Typhus infiziert, wird in ein Lazarett eingeliefert und stirbt dort. Eine Freundin der Mutter, Ruth Weil, geborene Reich, verwitwete Loszynski, nimmt den siebenjährigen Jungen mit zurück nach Amsterdam. Auch sie war in Bergen-Belsen gewesen, ihr Amsterdamer Mann Jules Loszynski, Jahrgang 1909, am 3. Dezember 1944 dort gestorben. Die Fotos von Jules Loszynski aus dem Amsterdamer Lloyd Hotel, der früheren Auswandererunterkunft, waren vor wenigen Jahren in Amsterdam ausgestellt. Außerdem hatte er bei jüdischen Sportfesten in Deutschland in der Weimarer Zeit zahlreiche Fotos gemacht.

In Berlin wird in der Reihe „Denk mal am Ort" an Ruth Weil, geborene Reich, erinnert. Nach dem Krieg hatte sie Hugo Emanuel Weil aus Meisenheim geheiratet, der ebenfalls deportiert worden war und seine Familie im Holocaust verloren hatte. Seine Frau Hedwig (Hede) Weil, geborene Mayer aus Kusel, und sein 1936 in Meisenheim geborener Sohn Alfred (Freddy) Abraham waren in Auschwitz ermordet worden. Die Weils nahmen Jona als Pflegesohn an und bekamen einen leiblichen Sohn, den sie Jack nannten. Jona Oberski wurde Atomphysiker. Und Autor. Sein Buch „Kinderjahre" ist 1978 erschienen. Jack Weil, den Stiefbruder von Jona Oberski, und dessen Frau Astrid haben wir im Laufe unseres Projekts kennen gelernt.

Unbegleitete jüdische Flüchtlingskinder aus dem „Dritten Reich" in den Niederlanden

Miriam Keesing

Nach dem Tod meines Vaters im Jahr 1997 habe ich alle Familienunterlagen und Fotos vom Dachboden geholt. Ich brachte die Fotos zu meiner Tante Noor, der jüngsten Schwester meines Vaters, um sie zu fragen, wer wer auf den Fotos war.

Bei dem Foto eines jungen Mannes, der ein Denksport-Rätselheft betrachtet, seufzt sie: "Ja, das ist Uli". Uli entpuppte sich als deutsches Flüchtlingskind, das von meinen Großeltern aufgenommen worden. Noor, die sich immer die Geburtstage von allen merkte, wusste, dass Uli am 2. April 1927 in Hannover geboren war. Dass er die Shoah nicht überlebt hatte. Dass er einen älteren Bruder, Hans Rudolf, hatte, der rechtzeitig in die USA gekommen war. Sie erzählte mir, dass Uli schnell Niederländisch gelernt und sich bei der Familie Keesing sehr wohl gefühlt habe.

Eine kleine Geschichte zu einem Foto. Ein Name, ein Gesicht. Ich rettete es und machte mit meinem Leben weiter.

Fast Forward ins Jahr 2008. Inzwischen war ich verheiratet und Mutter einer Tochter, die in den Kindergarten ging. An den Nachmittagen und Abenden gab ich Klavierunterricht. Endlich hatte ich Zeit, mir die Papiere, die ich aus dem Haus meiner Eltern mitgebracht hatte, genau anzusehen. Viele von ihnen handelten von der Flucht meiner Familie im Januar 1942, als sie von Amsterdam über Spanien, Portugal und Kuba in die USA kam. Ich hatte immer gewusst, dass mein Vater den Krieg auf diese Weise überstanden hatte, aber ich hatte nie viel darüber nachgedacht oder zumindest nie danach gefragt. Jetzt hat es mich gepackt. Wie war es möglich, dass sie die Niederlande 1942 verlassen konnten? Ich dachte, es wäre interessant, mehr darüber zu erfahren. Aber als ich das Material durchging, kam mir eine andere Frage in den Sinn: Wenn meine Familie 1942 die Niederlande hatte verlassen können, warum hatte sie Uli nicht mitgenommen? Was ist mit Uli passiert, nachdem meine Großeltern weg waren? Ich habe eine kleine Recherche gestartet. Entdeckte, dass Uli zu einem kinderlosen Ehepaar auf der anderen Straßenseite gezogen war. Ich suchte und fand seinen älteren Bruder, Hans, jetzt Hank Herzberg, der in Skokie, Illinois, lebte. Sobald ich meinen Namen am Telefon erwähnte, wurde er emotional. Wir sprachen über Uli, ich schickte ihm die Bilder, die ich gefunden hatte, er schickte mir Briefe, die Uli aus Amsterdam in die USA geschickt hatte. Ich habe ihn dreimal in Skokie besucht, wo er 2017 starb.

Ich war zufrieden: Ich hatte die Antworten auf die Fragen, die ich mir gestellt hatte. Ich packte alle Papiere von Uli in eine Klarsichtmappe und wollte sie gerade weglegen, als mir plötzlich etwas Merkwürdiges auffiel: An der Adresse gegenüber, im Haus Rudelsheim, wohnten noch zwei deutsche Jungen, etwa in Ulis Alter: Herbert Cohen aus Goch und Werner Joseph aus Mönchengladbach. Ich fragte mich: Wie viele dieser Flüchtlingskinder befanden sich wohl damals in den Niederlanden? Plötzlich wollte ich wissen, wie Uli bei meinen Großeltern gelandet war. Wie war er in die Niederlande gekommen? Und die anderen Jungs? Das Thema erschien mir faszinierend genug, um ein Buch darüber zu lesen, und ich machte mich auf die Suche. Ich habe drei Monate lang gesucht. Und dann stellte ich fest, dass das Buch, das ich unbedingt lesen wollte, nicht existierte. Mit meinem neuen Laptop bewaffnet, ging ich zum National-archiv in Den Haag. Dort, im Archiv des Innenministeriums, fand ich eine ganze Reihe von Dokumenten über deutsche Flüchtlinge in den Niederlanden: Kinder und Erwachsene. Eigentlich war ich zunächst nur an Uli interessiert. Trotzdem habe ich eine Excel-Datei erstellt und begonnen, Daten anderer Flüchtlingskinder aufzuschreiben. Warum? Ich weiß es selbst nicht. Nachdem ich die Namen gefunden hatte, ging ich nach Hause, um nachzusehen, was aus diesen Kindern geworden war. In vielen Fällen stellte ich fest, dass sie in einem Konzentrationslager vergast worden waren. Einige fand ich in einem Telefonbuch, manche davon in den Niederlanden, die meisten von ihnen in England oder in den USA. Ich habe mich an Überlebende gewandt, obwohl ich nicht wirklich wusste, warum. Ich habe mich mit ihnen getroffen und sie befragt.

Und so begann meine Recherche. Auf eine völlig amateurhafte, unprofessionelle Weise. Ohne eine Forschungsfrage. Ohne ein definiertes Ziel. Ohne jedes Ziel, um ehrlich zu sein. Ich hatte keine Ahnung, worauf ich mich einließ, und sage jetzt scherzhaft, dass ich diese Forschung aus Versehen begonnen habe, und ja, das ist sehr lustig, aber auch die Wahrheit.

Ich habe Namen gefunden. Ich habe Geschichten gefunden. Oft sind es sehr traurige Geschichten. Die erste Geschichte, die mich tief bewegt hat, war die von Liane Moses. Liane wurde 1928 in Güstrow geboren. Im Jahr 1929 starb ihr Vater Max im Alter von 34 Jahren. Ihre Mutter Grethe floh im Januar 1934 mit Lianes älterem Bruder Werner in die Niederlande, wo sie in der Frans van Mierisstraat in Amsterdam-Süd eine Pension eröffnete. Liane lebte bei einem Bruder von Grethe in Limburg an der Lahn.

Im Dezember 1938 kam Liane mit einem Kindertransport in die Niederlande. Natürlich meldete sich ihre Mutter sofort bei den Behörden, um Liane abzuholen. Aber.... die niederländische Regierung, die ursprünglich für die Familienzusammenführung gewesen war, hatte in der Zwischenzeit beschlossen, dass es besser sei, alle Flüchtlingskinder in Heimen unterzubringen. Auf diese Weise konnte man die Kinder besser im Auge behalten. Einige Monate später wurde diese Politik erneut geändert, als sich herausstellte, dass die Aufnahme all dieser Kinder teuer werden würde, auch weil die meisten Verwandten in den Niederlanden trotz freundlicher Aufforderung, sich an den Kosten für den Unterhalt dieser Kinder zu beteiligen, nicht dazu bereit und in den meisten Fällen nicht in der Lage waren. Sie wurden also weiterhin in Pflegefamilien untergebracht... aber nicht einfach so, sondern die Beamten besuchten die vorgesehenen Pflegeeltern mit einem Fragebogen, um zu prüfen, ob sie in Ordnung waren. Es wurde überprüft, ob sie sich politisch betätigten und ob sie sich der Verantwortung bewusst waren, die die Aufnahme eines Pflegekindes mit sich brachte. Es dauerte eine Weile, bis ich verstand, dass die biologischen Eltern die gleichen Fragen beantworten mussten. Grethe Moses hatte zum Beispiel auch zwei Beamte zu Besuch. Am Ende des Fraugebogens machten sie eine Bemerkung über den hygienischen Zustand der Pension. Außerdem beanstandeten sie drei Zeichnungen, die sie für „Aktfotos" unzüchtiger Natur hielten. Unmittelbar hinter diesem Fragebogen fand ich einen Bericht der Sittenpolizei. Diese beiden Herren berichteten vor allem von den drei Federzeichnungen, die in der Pension an der Wand hingen. Sie hatten auch ernsthafte Zweifel am Inhalt dieser Zeichnungen. Frau Moses erklärte, dass sie sich diese Kunstwerke nie wirklich angesehen habe. Ihr verstorbener Mann hatte sie gekauft, er liebte sie. Wenn es ein Problem war, war sie mehr als bereit, die Kunstwerke abzuhängen, es kümmerte sie nicht...... Aber die Behörden waren unerbittlich und beharrten auf ihrem moralischen Standpunkt: Liane musste im Heim bleiben. Außerdem rieten die Sittenpolizisten den zuständigen Stellen, Grethe Moses auch den Sohn wegzunehmen. Glücklicherweise ist dies nie geschehen. Erst im Juni 1942 kam Liane schließlich zu ihrer Mutter und ihrem Bruder, sodass sie in den letzten 10 Monaten ihres Lebens ein Familienleben hatte, wenn auch unter sehr schwierigen Umständen. Im April 1943 wurden Liane, Werner und ihre Mutter nach Sobibor deportiert und dort vergast.

Eine der Bewerbungen für den Silten-Preis kam aus Gelsenkirchen, wo eine Schulklasse Paten gesucht hat, damit Stolpersteine für Hella Grün und ihre Familie verlegt werden konnten. Deshalb möchte ich Ihnen auch von Hella und ihrem kleinen Bruder Herbert erzählen. Die neunjährige Hella und ihr fast siebenjähriger Bruder Herbert kamen unabhängig voneinander in die Niederlande: Hella zuerst, am 1. Dezember 1938, und Herbert am 19. Dezember. Wahrscheinlich, weil sie nicht zusammen angekommen waren, wurden sie in verschiedenen Häusern untergebracht. Im März 1939 schrieb ihr Onkel, der in Arnheim lebte, einen Brief an den Ausschuss: Er würde die Kinder gerne in seinem Haus aufnehmen. Doch einen Monat später, als er die erforderlichen Formulare ausgefüllt hatte, stellte sich heraus, dass er seine Meinung geändert habe. Er (oder seine Frau) war der Meinung, dass es eine zu große Verantwortung wäre. Einen weiteren Monat später schrieben die Eltern aus Gelsenkirchen und baten darum, dass die Kinder zusammen untergebracht würden, weil sie einander so sehr vermissten. Bald wurde Hella jedoch in einem Heim für geistig behinderte Kinder in Hilversum untergebracht. Herbert wohnte in drei verschiedenen Heimen, bevor er im September 1939 doch noch zu seinem Onkel und seiner Tante nach Arnheim kam. Ab November 1942 war der damals Zehnjährige im Heim für Flüchtlingskinder in Arnheim untergebracht, das einen Monat später geschlossen wurde: Alle Kinder wurden nach Westerbork gebracht. Dort blieb Herbert mehr als ein Jahr: Erst im Februar 1944 wurde er nach Auschwitz deportiert. Seine Schwester Hella war ihm vorausgegangen: Am 13. April 1943 wurde sie von Westerbork nach Sobibor gebracht.

Nachdem ich etwa zwei Jahre lang recherchiert hatte, ging ich mit meiner Datenbank in die Archive des Niederländischen Roten Kreuzes. Zu diesem Zeitpunkt wusste ich noch nichts über das Schicksal von 300 Kindern. Zu meinem Erstaunen war es relativ einfach, festzustellen, dass 35 von ihnen die Verfolgungen nicht überlebt hatten, obwohl sie auf keiner Opferliste aufgeführt waren. Ich hatte gedacht, die Listen der Opfer seien vollständig. Aber sie waren es nicht. Dies ist ein weiteres trauriges, aber wichtiges Ergebnis meiner Forschung. Denn die Vorstellung, dass ein Kind so gründlich vom Erdboden verschluckt wurde, dass nicht einmal mehr sein Name existiert, ist unerträglich.

Das Rote Kreuz hat auch die traurige Geschichte von Elfriede Ingenkamp aus Dinslaken ans Licht gebracht. Elfriedes Vater war kein Jude, und man hatte sich 1942 viel Mühe gegeben, Elfriede dies zu erklären. Kurz vor der kollektiven Deportation der anderen Kinder in das Durchgangslager Westerbork wurde sie aus dem Waisenhaus in Rotterdam abgeholt, in dem sie seit Jahren gelebt hatte. Trotz ihres neuen Status als Mischling wurde es für Elfriede als sicherer erachtet, dass sie in ein Versteck ging. Es ist nicht bekannt, wo sie untergetaucht ist, aber am 5. Mai 1945, dem Tag der Befreiung, war sie in Amersfoort. Es wurden Schüsse abgefeuert, und wahrscheinlich wurde Elfriede von einer verirrten Kugel getötet. Ihre Mutter hatte den Krieg in London überlebt und schrieb Briefe an das Rote Kreuz. Auf diese Weise wurde ihr Schicksal bekannt. Nachdem ich in den lokalen Zeitungen um weitere Informationen gebeten hatte, wurde ein echter Grabstein auf Elfriedes Grab gesetzt.

Manchmal gab es andere Quellen, aus denen etwas über das Schicksal eines der Flüchtlingskinder zu erfahren war. Eines der

Kinder hat in einem Buch beschrieben, wie Atze (Arthur) Natt aus Berlin verhaftet wurde. Wegen illegalen Waffenbesitzes wurde er im April 1941 hingerichtet. Seine Schwester Dora, die sich ebenfalls in den Niederlanden aufhielt, wurde in Auschwitz vergast; ihre Eltern wurden aus Deutschland deportiert. Kurzum: Es gab niemanden mehr in der Familie Natt, der die Spuren von Atze hätte verfolgen können. Leider ist es mir noch nicht gelungen, sein Grab ausfindig zu machen.

Aber ich kann auch schöne Geschichten erzählen. An einer Stelle fand ich ein Archiv mit Akten der meisten Flüchtlingskinder, darunter auch ein Foto. Von vielen Flüchtlingskindern ist überhaupt nichts erhalten geblieben, nicht einmal ein Foto. So konnte ich eines Tages Israel Yaoz alias Israel Häusler aus Gelsenkirchen kontaktieren. Er überlebte die Shoah, aber seine Schwester Recha wurde in Sobibor ermordet. Ich hatte ihn um ein Foto seiner Schwester gebeten, aber er hatte keins dabei. Er hatte nichts von vor dem Krieg, von seinen Eltern, von seiner Schwester.... Er war sehr gerührt, als ich ihm sagte, dass ich ein Foto seiner Schwester gefunden hatte. Ich habe auch schon viele Überlebende mit einer Kopie eines Briefes ihrer Eltern glücklich machen können. Als ich anfing, Überlebende zu befragen, dachte ich, dass sie mir sagen könnten, wo und in welchen Unterkünften sie gewesen waren und wie es dort war. In der Praxis war es oft so, dass ich ihnen sagte, wo sie gewesen waren, denn die oft kleinen Kinder erinnerten sich nicht daran.

Nach dem Machtwechsel im Januar 1933 beschlossen mehr und mehr deutsche Juden, ihr Vaterland zu verlassen. Genaue Zahlen gibt es nicht, aber man schätzt, dass etwa 25.000 von ihnen in die Niederlande geflohen sind. Einige blieben, andere reisten weiter. Im März 1938 kam auch ein Flüchtlingsstrom aus Österreich. Die Niederländer hatten noch immer mit den Folgen der Wirtschaftskrise von 1929 zu kämpfen, unter anderem mit einer Arbeitslosenquote von rund 15 %. Genug ist genug, dachten sie, und die Regierung schloss die Ostgrenze. Keine Flüchtlinge mehr. Es fällt mir auf, dass im Jahr 2022, wenn so viel über die gastfreundliche Aufnahme ukrainischer Flüchtlinge gesagt wird, der Kontrast zur Aufnahme syrischer Flüchtlinge vor einigen Jahren erwähnt wird, aber nicht die Aufnahme jüdischer Flüchtlinge in den 1930er Jahren. Je größer die Not der Juden im „Dritten Reich", desto näher die Türen der umliegenden Länder. Glücklicherweise sind die Dinge jetzt ganz anders.

Aber die Pogromnacht im November 1938 hat die öffentliche Meinung verändert. Die niederländischen Zeitungen berichteten über die schrecklichen Ereignisse und über Kinder, die allein im Grenzgebiet umherirrten. In den Niederlanden wurden Bürgerinitiativen gegründet, die die Regierung aufforderten, barmherziger zu sein. Auf diesen öffentlichen Druck hin hat die Regierung nachgegeben und beschlossen, dass 1500 unbegleitete Kinder in die Niederlande kommen konnten. Unter der Bedingung, dass auch sie auswandern würden: Die Niederlande sollten ein Durchgangsland werden. Warum Kinder? Weil sie nicht sofort in den Arbeitsmarkt eintreten würden!

Ich habe bereits erwähnt, dass sich die Vorstellungen von der Betreuung von Kindern in der Anfangszeit oft geändert haben. Einige Kinder haben sicherlich darunter gelitten. Von einem Heim zum anderen, immer mit anderen Kindern um dich herum, oft weit weg von deinen Verwandten, die in den Niederlanden waren und dich besuchen wollten, sich aber oft die Zugfahrkarten nicht leisten konnten. Die Kinder schrieben regelmäßig Briefe nach Hause. Seltsamerweise wurden diese von den niederländischen Behörden von Anfang an - noch vor dem Krieg - zensiert. Die meisten Kinder waren sich jedoch darüber im Klaren, dass sich ihre noch in Deutschland lebenden Eltern Sorgen machen würden, wenn sie den Eindruck hatten, dass es ihnen in den Niederlanden nicht gut ging. Also übten sie auch noch Selbstzensur.

Letztlich hat sich der Wunsch der Niederlande, ein Transmigrationsland zu sein, für viele der Kinder als vorteilhaft erwiesen. Etwa ein Drittel der fast 2.000 Kinder hatte die Niederlande bereits verlassen, als die deutsche Armee im Mai 1940 einmarschierte und das Land in fünf Tagen zur Kapitulation zwang. Zu dieser Zeit gab es nur noch wenige Heime für Flüchtlingskinder. Die meisten dieser Heime wurden bald darauf geschlossen, in der Regel auf Anordnung der Besatzungsmacht, die die Gebäude selbst nutzen wollte. Die Kinder, die noch in den Heimen lebten, wurden auf die regulären jüdischen Waisenhäuser verteilt, und etwas später wurde noch ein Flüchtlingsheim in Arnheim eröffnet. Es sollte bis Ende 1942 bestehen. Kinder, die Verwandte in den Niederlanden hatten, konnten plötzlich zu Verwandten kommen und bei ihnen leben, in einigen Fällen, anders als bei der oben erwähnten Liane Moses, sogar bei ihren eigenen Eltern. Zum Glück, denn in vielen Fällen waren dies die letzten Jahre der Kinder und ihrer Eltern.

Von den mehr als 1.200 Kindern, die sich im Mai 1940 noch in den Niederlanden aufhielten, überlebten 47 Prozent den Krieg. Dies ist ein bemerkenswert hoher Prozentsatz. Trotz vieler Nachforschungen habe ich immer noch keine zufriedenstellende Erklärung dafür.

Vor zwei Jahren habe ich mein Leben 2.0. Ich studiere Geschichte und hoffe, in ein paar Wochen mein Vordiplom abschließen zu können. Mein Ziel ist es, nach dem Masterabschluss meine Forschung über die Flüchtlingskinder in Form einer Dissertation zu veröffentlichen.

Die Shoah liegt nun über 77 Jahre zurück. Aber die Geschichten zu erzählen, sich an die Ereignisse zu erinnern, sie zu benennen, ihrer zu gedenken, über sie nachzudenken, das bleibt wichtig. Hier in Deutschland, in den Niederlanden, in allen beteiligten europäischen Ländern und in der ganzen Welt.

Laut einer Meinungsumfrage im Jahr 2017 waren 46 Prozent der befragten Russen von Stalin begeistert. Seine Verbrechen, auch die gegen sein eigenes Volk, wurden unter Putins Führung unter den Teppich gekehrt, im Mittelpunkt steht der Sieg über den Faschismus. Was für ein Kontrast zwischen dieser unverarbeiteten Vergangenheit und Deutschlands tiefgreifender Aufarbeitung der NS-Vergangenheit. Natürlich wäre es zu kurz gegriffen, diesen Mangel an Selbstreflexion eins zu eins mit dem aktuellen Krieg in der Ukraine in Verbindung zu bringen, aber ich denke, es gibt einen Zusammenhang.

Ich muss sagen, dass ich besonders beeindruckt bin von den Bewerbungen von Schulklassen, die wir für den Silten-Preis erhalten haben. Es ist fantastisch, dass Ihr, die deutsche Jugend, Euch der schrecklichen Vergangenheit so bewusst seid. In dieser Hinsicht ist Deutschland allen anderen Ländern, einschließlich der Niederlande, die noch immer mit den schwierigen Teilen der Vergangenheit boxen (kämpfen), weit voraus. Das Wichtigste ist, dass wir all die Menschen nicht vergessen. die ihre eigene Geschichte nicht erzählen konnten.

Wie der niederländische Schriftsteller und Holocaust-Überlebende Abel Jacob Herzberg sagte: „Es wurden nicht sechs Millionen Juden ermordet. Es gab einen Mord sechs Millionen Mal." Und es ist unsere Aufgabe, ihre Geschichte zu erzählen.

Ich danke Ihnen für Ihre Aufmerksamkeit.

Magische Momente:
Die Fotografin Annemie Wolff

Monika Felsing

In ihrer Dunkelkammer verschwanden Sterne. In ihrem Sucher war Platz für die Welt. Annemie Wolff (1906-1994) hat mit ihrer Kamera die Zeit stillstehen lassen. Mitten im Zweiten Weltkrieg. Für einen magischen Augenblick war alles vergessen, die Nazis, die Razzien, die Angst, doch noch auf der Straße verhaftet oder entdeckt zu werden, zufällig vielleicht, es nicht mehr rechtzeitig aus Amsterdam in die USA zu schaffen, sondern wie all die anderen nach Westerbork zu kommen und von dort aus in den Osten, in den fast sicheren Tod. Die deutsch-niederländische Fotografin hat Momentaufnahmen gemacht, aus denen Bilder für die Ewigkeit geworden sind. Einige der Kinder, Jugendlichen und Erwachsenen auf ihren Bildern wirken so unbefangen, so selbstbewusst, fröhlich und gelöst, dass es kaum zu fassen ist, unter welchen Umständen die Porträts entstanden sind.

Annemie Wolff, geborene Koller, stammte aus Laufen in Bayern. Mit ihrem jüdischen Ehemann, dem erfolgreichen Architekten Helmuth Wolff (1895-1940), war sie nach Hitlers Machtantritt aus München in die Niederlande geflohen. Heute ist die begnadete Fotografin in ihrem Geburtsland so gut wie unbekannt. Das könnte und sollte sich ändern, wenn die von Simon B. Kool verantwortete Ausstellung „Almost lost in History. Rediscovering the photography of Annemie and Helmuth Wolff", die noch bis Oktober 2017 im Nationalen Holocaust Museum in Amsterdam gezeigt wird, anschließend auf Reisen ginge.

Die Stiftung Wolff (Stichting Wolff) tut seit 2011 mit Hilfe von Sponsoren einiges dafür, dass das künstlerische und politische Erbe des ungewöhnlichen Fotografenpaares international bekannt wird. Und dieses Erbe hat selbst die Fachwelt erstaunt. Es umfasst rund 50 000 Bilder, viele von überragender Qualität. Schwarzweißaufnahmen aus dem Amsterdamer Hafen sind dabei, Fotos von Schiphol, Straßenszenen, aber auch Koch-, Back-, Mode- und Naturfotos, Fotoreportagen von Reisen nach Marokko und frühe Farbbilder. In ihrem Stil waren sich die beiden so ähnlich, dass heute schwer zu sagen ist, wer welches Bild gemacht hat. Helmuth Wolff hat sich mit seiner Zeitschrift für Kleinbildfotografie ein eigenes Denkmal gesetzt. Als die Wehrmacht im Mai 1940 einmarschierte, nahmen er und seine Frau Veronal und drehten den Gashahn in der Küche auf. Helmuth Wolff starb, Annemie Wolff konnte gerettet werden. Über diesen Tag hat sie später mit kaum jemandem gesprochen, nicht einmal mit Monica Kaltenschnee, der Enkelin ihrer Nachbarin, Freundin und Erbin. Weil sie auch sonst wenig über die Vergangenheit geredet hat, bleibt vieles im Bereich der Spekulation. Ihre Bilder mögen noch so ausdrucksstark sein, sie verraten nichts. Überleben hieß in ihrer Zeit schweigen, sich verbergen, untertauchen.

Es muss sich trotz allem herumgesprochen haben unter den Flüchtlingen in Amsterdam Zuid: Da ist eine Frau, die macht Fotos. In dem Studio in ihrer Wohnung an der Noorder Amstellaan (der heutigen Churchillaan), herrscht reges Kommen und Gehen. Falls die Nachbarn etwas mitbekommen haben, dann haben sie Annemie Wolff nicht bei den Deutschen denunziert. Und es ist unwahrscheinlich, dass sie nichts gemerkt haben, denn wegen der nächtlichen Ausgangssperre müssen sich die jüdischen Kunden bei Tag auf den Weg zum Studio machen. Frauen, Männer und Kinder mit dem Davidstern an der Jacke steigen die Treppen bis zum dritten Stock hinauf und verlassen das Haus nach einer Weile wieder. Sie gehen durch die Rivierenbuurt hinüber zum Merwedeplein oder in eine der anderen Straßen und versuchten, sich ihre Angst nicht anmerken zu lassen. Nicht aufzufallen, trotz des gelben Aufnähers an ihrer Brust, der sie zur leichten Beute macht.

Vermutlich haben die Juden unter ihren Kunden nicht geahnt, dass Annemie Wolff, geborene Koller, Kassenbuch geführt hat. Sie hat die Namen und Adressen von mehr als 300 der 440 Fotografierten darin notiert, die Nummer der Negativrolle und den Preis. Das Entsetzen darüber ist einem der Interviewpartner in Rudi Boons Film „Last portraits" anzumerken – die DVD liegt dem bemerkenswerten Band „Op de foto in oorlogstijd. Studio Wolff, 1943" von Tamara Becker und An Huitzing bei. Ein Kassenbuch zu führen, war unverantwortlich aus heutiger Sicht, ein unglaubliches Risiko für die Flüchtlinge und für die Fotografin. Als aber der Fotohistoriker Simon B. Kool die 100 Filmrollen aus den Monaten Januar bis September 1943 entdeckt, die Annemie Wolff nicht zerstört hat, ist es ein Segen, dass es auch Notizen dazu gibt. Dank der Aufzeichnungen konnten die Anthropologin An Huitzing von der Wolff Stiftung und ihre Tochter, die Historikerin Tamara Becker, gezielt in Archiven, im Internet auf Joods Monument und in anderen Quellen nach den Kundinnen und Kunden von Annemie Wolff suchen und die meisten von ihnen identifizieren.

Mehr als fünf Jahre hat sich das Mutter-Tochter-Team dieser wichtigen Aufgabe gewidmet. Die beiden Forscherinnen haben diese Arbeit zu ihrer Herzensangelegenheit gemacht und ohne Zweifel viel erreicht. In ihrem Buch präsentieren sie die erstaunlichen Ergebnisse einer akribischen, sensiblen Recherche. Die Aufnahmen, ohne den Kontext bereits künstlerisch eindrucksvoll, sind erst unschätzbar wertvolle historische Zeugnisse, seit An Huitzing und Tamara Becker sie mit Lebensgeschichten und Hintergrundinformationen kombiniert haben. Wir haben ein fotografisches Kulturerbe vor uns und zugleich eine Sammlung berührender, sehr persönlicher Dokumente.

Es sind Passfotos für gefälschte Papiere, Erinnerungsfotos für Freundinnen, Familienbilder, die den Großeltern als Andenken ins Lager geschickt werden, Aktfotos, Babybilder, Fotos von Haustieren, vieles davon Aufnahmen, die eine Hoffnung und einen Willen ausdrücken: Wir leben noch. Wir sind Menschen mit Namen, mit einer Geschichte und mit Wünschen, die vielleicht nicht mehr in Erfüllung gehen. Weil die Nazis uns auslöschen wollen aus dem Buch der Geschichte, uns ermorden und vergessen machen. Es soll ihnen nicht gelingen.

Auf einem der Doppelporträts ist ein Paar zu sehen, das ursprünglich nur auf dem Papier eins sein sollte. Die 21-jährige Gerda Rosenbaum aus Schwerin war die Tochter des Arztes Otto Rosenbaum (Jahrgang 1875) und dessen Frau Stefanie, geborene Vogel (Jahrgang 1886 aus Berlin). Eine 90-jährige Patientin des Doktors, die Lehrerin Toni Wunderlich, hatte 30 Jahre zuvor Königin Juliana unterrichtet und nutzte ihre Kontakte zum niederländischen Königshaus, damit die Rosenbaums noch 1938 und 1939 einreisen durften. In Amsterdam arbeitete Gerda für den Jüdischen Rat, um ihre Eltern und sich selbst vor der Deportation zu bewahren. Und sie heiratete den 20 Jahre älteren Rudi Nowalski aus Wanne, weil sie dachte, dass dann auch er und seine Eltern bessere Überlebenschancen hätten. Auf dem Foto lächelt sie glücklich, während er sich bemüht, seine Anspannung zu verbergen. Zwei Tage, nachdem Annemie Wolff die Aufnahme gemacht hat, wird Rudi Nowalski verhaftet und zusammen mit seinen Eltern und seinen

Schwiegereltern deportiert, wie An Huitzing und Tamara Becker herausgefunden haben.

Und die beiden wissen auch, wer überlebt hat. Gerda Nowalski, geborene Rosenbaum, ist zu ihrem Bruder Heinz nach Frankreich geflohen. Ihr Bruder hat in den Achtzigerjahren niedergeschrieben, wie sie beide den Nazis entkommen sind. Der Text, bearbeitet von An Huitzing und Ad van den Oord, steht online: „Edward H. Rose. A short review of my life". Das junge Paar habe beschlossen, es nicht beim Schein zu belassen, hat Heinz durchblicken lassen. Und das war nicht ohne Folgen geblieben: Gerda war schwanger, als sie Amsterdam verließ. Ihr Sohn Rene kam in Frankreich zur Welt. Wie es den beiden Geschwistern und Gerdas Baby ergangen ist, bis sie endlich zu ihrem Bruder Herbert in die USA ausreisen konnten, hat Heinz Rosenbaum alias Edward H. Rose detailliert geschildert.

Fast fünf Dutzend Kunden von Annemie Wolff waren aus Deutschland, die meisten von ihnen Juden. Betty Baer, geborene Sondheim aus Ober-Gleen, und ihr Sohn Alfred sind nicht unter den nunmehr veröffentlichten Namen aus dem Kassenbuch. Ihre Gesichter sind nicht auf zwei der Fotos, unter denen noch immer „onbekend" steht. Die Suche der Stichting Wolff geht weiter. Im Laufe des Projektes „Deutschland auf der Flucht" wird unser Bremer Geschichtsverein Lastoria auch versuchen, eine größere Öffentlichkeit in Deutschland mit dem Lebenswerk von Annemarie und Helmut Wolff und den Lebensgeschichten ihrer Kundinnen und Kunden vertraut zu machen. Spätestens, wenn die Wanderausstellung in Deutschland und Österreich gezeigt wird und die Bücher „Uit de vergetelheid" (von Simon B. Kool über die Arbeit der Wolffs) und „Op de foto in de oorlogstijd" ins Englische oder Deutsche übersetzt sind, könnten weitere Namen auf der Liste von An Huitzing und Tamara Becker stehen.

Auf einem Foto aus dem April 1943 sind fünf Mädchen zu sehen. Die zweite von links haben die Rechercheurinnen als Dorothea Zucker identifiziert, drei der anderen als Loulou Flesseman, Noortje Poliakoff und Julieke de Levie. Die blonde Dorothea, die damals noch Daisy genannt wurde, lebte seit 1936 in den Niederlanden. Sie hatte dieselbe Schule besucht wie Anne Frank. Inzwischen war sie untergetaucht, reiste aber manchmal mit ihren gefälschten Papieren nach Amsterdam, um ihre Schulfreundinnen vom Joods Lyceum zu sehen. Die Tochter eines Berliner Fabrikanten überlebte den Krieg gemeinsam mit ihren Eltern und ihrer Schwester Marion. Über Schweden wanderte die Familie in die USA aus und traf dort 1952 im Urlaub in Lake Placid zufällig die Freundlichs wieder, Nachbarn aus Berlin. Die Familie, die sich inzwischen Franklin nannte, war 1939/40 über Kuba in die USA emigriert. Bei einem blind date begegnete Dorothea dem Sohn des Berliners Anwalts, dem Immunologen und Rheumaforscher Edward Franklin (1928-1982), schon bald in New York wieder. Die beiden heirateten und nannten ihre einzige Tochter Deborah – wie die Frau von Benjamin Franklin.

Nach ihrem Tod im Jahr 2015 wird Dorothea Zucker Franklin auf www.hematology.org als „National Academy of Medicine member, pioneer in electron microscopy of blood cells at New York University School of Medicine, and third female president of ASH (1995)" betrauert. Aus dem Mädchen, das die Nationalsozialisten umbringen wollten, ist eine Pionierin der Erforschung von Blutzellen geworden, die dritte weibliche Präsidentin einer medizinischen Gesellschaft, eine allgemein geschätzte Lehrkraft der University School of Medicine in New York. Ihre Freunde und Kollegen nannten sie Dottie.

Zu Hause hatten sie und ihr Mann jeder ein eigenes Arbeitszimmer, um sich nicht gegenseitig von der Arbeit abzuhalten. Dorotheas wissenschaftliche Forschung in Zellbiologie, Hämatologie und Immunologie, ihr Hang zur Perfektion und ihr "Atlas of Blood Cells" werden von Fachkollegen als vorbildlich gepriesen, ihr Charakter, ihre hohen Standards, die Hingabe, mit dem sie sich ihrem Fach und ihren Patienten widmete.

Die fünf Mädchen auf dem Gruppenfoto lächeln, als wären sie auf einem Schulausflug. „Bitte recht freundlich", pflegten deutsche Fotografen noch Jahrzehnte später zu sagen, wenn ihre Kunden unsicher waren, welcher Gesichtsausdruck denn nun der richtige war. Ernst oder naiv? Streng oder zutraulich? Sinnlich oder sinnierend? Traurig oder zuversichtlich? Lächelnd oder lachend, staatstragend oder wie ein Filmstar? Auch auf den Fotos von Annemie Wolff sind unterschiedliche Gefühlsregungen zu erahnen. Zu gerne wüsste man, was die Fotografin gesagt hat, bevor sie auf den Auslöser drückte. Wie sie trübe Gedanken verscheuchte und schüchterne Frauen ermunterte, doch ein bisschen erotischer zu posieren, wenn das Foto für den Ehemann war. Manche sehen sie an wie eine alte Freundin. Starre Posen sind selten.

Gut möglich, dass Annemie Wolff, die nach dem Einmarsch der Wehrmacht nicht mehr hatte leben wollen, mit ihren Kunden über die Zukunft gesprochen hat. Vielleicht plauderte sie aber auch über vergangene Zeiten, Familie, Heimat und Beruf, über Reisen, Mode und Kochrezepte. Ganz bestimmt musste sie keine großen Worte machen, denn wer seine Verhaftung riskierte, um ihr Studio zu besuchen, wusste, wofür. Das Porträtsitzen war ein Akt der Selbstbestimmung, ein Stück Freiheit und Normalität mitten im Wahnsinn des Krieges und der Verfolgung. Auf manchen Gesichtern spiegelt sich leiser Triumph, dann wieder steigen Tränen auf und werden tapfer zurückgehalten. Keine Frage, diese Menschen wissen um die Gefahr, in der sie schweben, aber sie haben nicht verlernt zu hoffen. Mit der Hilfe von anderen können sie es noch schaffen.

Und dank An Huitzing und Tamara Becker und ihrer umfangreichen Recherchen wissen wir: Einige der Passfotos haben tatsächlich Leben gerettet.

Wie schwer muss es gewesen sein, ein Foto für den Titel auszusuchen. Eine der Freundinnen von Dorothea Zucker ist vorne auf dem Buch „Op de foto in oorlogstijd" zu sehen. Es ist ein gutes Bild, aber längst nicht das ausdrucksstärkste Porträt. Die 15-Jährige lächelt, ohne in die Kamera zu sehen. Das Halbprofil dürfte kein Passfoto gewesen sein. Isabel Wachenheimer trägt, wie es damals Mode war, Kopftuch, und, wie es ab Mai 1942 für Juden Vorschrift war, einen Davidstern. Ihn für die Aufnahme abzutrennen, wäre zu aufwendig gewesen. Annemie Wolff wählte ohnehin beim Vergrößern in ihrer Dunkelkammer den Ausschnitt des Fotos so, dass dieses verräterische Stück Stoff nicht mehr zu sehen war. Technisch war das kein Problem. Und doch Zauberei.

An Huitzing und Tamara Becker wissen, was aus Isabel Wachenheimer geworden ist. Die Schülerin von Jacob (Jacques) Presser (siehe auch den Beitrag „Letzte Adresse: Biesboschstraat" auf www.monikafelsing.de) war in Hamburg zur Welt gekommen, in Stuttgart aufgewachsen und gemeinsam mit ihren Eltern und ihrer Großmutter Mathilde in die Niederlande geflohen. Die Familie wohnte zunächst in Rotterdam, dann in Doorn und schließlich in Amsterdam. Isabel wurde als letzte deportiert. Ihre Eltern traf sie in Theresienstadt wieder. In Auschwitz wurden Eugen und Else Babette Wachenheimer (geborene Moos aus Reutlingen, Jahrgang 1895), die von den 18 Monaten im Ghetto geschwächt waren, sofort ins Gas geschickt, die Tochter als arbeitsfähig eingestuft.

Bei Kriegsende wurde Isabel Wachenheimer in Österreich befreit, wo sie 13 Stunden täglich in einer Fabrik hatte arbeiten

müssen. Es dauerte lange, bis ihre Gesundheit wieder einiger-
maßen hergestellt war. Isabel Wachenheimer wanderte nach
Israel aus, zog 1955 nach Frankfurt/Main und erhielt ihre
deutsche Staatsbürgerschaft zurück. 1956 wanderte sie mit
ihrem Mann Karl Elon in die USA aus. Ab 1962 war sie
amerikanische Staatsbürgerin. Nach ihrem Tod hat ihre Tochter
ihre Häftlingsjacke aus Lenzing-Pettinghofen, Fotoalben, Briefe
und andere Dokumente aus dem Familienbesitz an das Rijks-
museum übergeben, auch die zahlreichen Papiere, von denen
sich Eugen Wachenheimer (Jahrgang 1886, aus Straßburg) – als
ehemaliger Direktor der Deutschen Bank in Stuttgart, hoch-
dekorierter Weltkriegssoldat und Teilnehmer an den Versailler
Friedensverhandlungen – Schutz erhofft hatte.

Mit dieser Schenkung, aber auch mit dem Buch über das Studio
Wolff, hat sich der Wunsch von Isabel Wachenheimer (1928-
2010) erfüllt: „Nicht vergessen werden, sonst nichts."

Silten-Preis 2022

„Lasst den Holocaust
ein Zeichen sein vor unseren Augen,
von solcher Finsternis,
dass er sich nie wiederholen darf.
Lasst unsere tätowierten Nummern
auf unseren Armen
ein Zeichen von einem Verbrechen sein,
das sich nie wiederholen darf.
So lasst uns Zeugnis ablegen,
von Generation zu Generation,
damit es niemand jemals vergisst."

(R. Gabriele S. Silten, Gebet einer Überlebenden,
aus: Zwischen zwei Welten, S. 217/218)

Ein Denkmal für die Osnabrückerin Lea Levy, die als Zehnjährige
in der Nazizeit als Jüdin aus ihrem Turnverein ausgeschlossen
wurde. Eine gemeinsame Gedenkminute an Bremer Schulen für
die Opfer der Pogromnacht 1938. Die Biografie der Hamburger
Holocaustüberlebenden Esther Bejarano (1924-2021): Beiträge
von Schülerinnen, Schülern und Studierenden zur Gedenkkultur
sind in der niederländisch-deutschen Geschichtswerkstatt
„Deutschland auf der Flucht. Exil in Amsterdam Zuid 1933-1945"
des Vereins Lastoria im Goldenen Saal der Villa Ichon mit dem
Silten-Preis ausgezeichnet worden. Der 1. Preis ging an Schülerinnen des Gymnasiums Bad Iburg und der Integrierten
Gesamtschule Osnabrück, jeweils ein 2. Preis an die AG gegen
Antisemitismus des Gymnasiums Rübekamp (Bremen) und an
Benet Lehmann, einen Doktoranden der Justus-Liebig-Universität Gießen, der 3. Preis an die Gruppe „Keep the Memory
alive" des Max-Windmüller-Gymnasiums in Emden.

„Aufklärung über Antisemitismus gestern und heute, über das Entstehen von Vorurteilen und Mobbing, aber auch über lebendiges Judentum, große Empathie und eine klare, ethische Haltung, künstlerisches und technisches Know-how und sehr viel Kreativität: All das zeichnet diese hervorragende Arbeit aus", urteilte die niederländisch-deutsche Silten-Preis-Jury über die Bewerbung aus Bad Iburg und Osnabrück über Ausgrenzung von jüdischen Sportlerinnen und Sportlern in der NS-Zeit. „Eine absolut vorbildliche Aktion, die in mehrfacher Hinsicht nachwirkt, schon wegen der starken aktuellen Bezüge. Ein überzeugendes Statement für Toleranz und Fairness und gegen Diskriminierung aller Art – nicht nur im Sport." Die Kooperation zwischen Schülerinnen, Schülern, einem Bildhauer, der Jüdischen Gemeinde Onabrück, Makkabi Deutschland und dem Sportverein, der sich seiner NS-Vergangenheit stellte, beeindruckte die Historikerinnen sehr, aber auch die Umsetzung. „Die Präsentation der Ergebnisse per Homepage und Podcast sind sehr professionell, der Gedenkstein absolut gelungen."

Über die Bremer Zweitplatzierten, in der Villa Ichon durch die ehemalige Schülerin Lotta Petry und den Lehrer und AG-Gründer Werner Pfau vertreten, war bei der Preisverleihung zu hören: „Lotta Petry, Rinah Groeneveld, Hannah Lehmkuhl, Béla Lesch, Alina Kastens und Carlotta Schukat, fünf Absolventinnen und ein Absolvent des Schulzentrums Rübekamp Bremen, haben 2020 über ihre eigene Schule hinaus wertvolle Überzeugungsarbeit geleistet und mit ihrer AG ein Zeichen gesetzt. Gemeinsames Gedenken in Corona-Zeiten zu organisieren, samt Infobroschüre und kontroversen Diskussionen in den Klassen, die weiterführende Beschäftigung mit dem Thema Holocaust: Alles zeugt davon, dass diese AG etwas bewegt hat. Im Sinne der Erinnerungskultur und des Einsatzes gegen Antisemitismus und für die Demokratie." Eine andere Jurorin hatte sich für die Bewerbung ganz besonders eingesetzt – die Gedenkminute war ihr „absoluter Favorit". Die stadtweite Aktion sei äußerst wirkungsvoll, „um auf heutigen Antisemitismus hinzuweisen und junge Menschen zu informieren, aufzurütteln und zum Engagement gegen Antisemitismus zu motivieren", wurde die Historikerin in der Laudatio zitiert. Die Auszeichnung mit dem Silten-Preis, so ihre Hoffnung, möge dazu beitragen, „die Schweigeminute in Bremen und anderswo zu etablieren".

Die von Benet Lehmann geplante Veröffentlichung einer Biografie von Esther Bejarano wurde von der Jury als Beitrag dazu gewürdigt, „dass die Stimme einer Holocaustüberlebenden, die durch ihre Persönlichkeit und ihren unermüdlichen Einsatz mehrere Generationen beeinflusst hat, auch noch nach ihrem Tod gehört wird". Die Begegnung mit ihr hat den Studenten ohne Zweifel geprägt. „Dieser persönliche Zugang, aber auch die Tatsache, dass er sich seit längerer Zeit engagiert, unterschiedliche Formen der Erinnerungsarbeit wählt und international recherchiert, macht sein Engagement besonders wertvoll". Ein weiteres Jurymitglied vertrat die Ansicht, die Würdigung Esther Bejaranos mit einer Biografie kurz nach ihrem Tod sei „ein toller, aktueller und wichtiger Beitrag im bundesdeutschen Erinnerungsdiskurs" und geeignet, die aktuelle Debatte um das Ende der Zeitzeugenschaft und die Zukunft der Erinnerung zu beeinflussen. Besonders wichtig fand es die Historikerin, „dass Benet Lehmann Bejarano als politische Aktivistin und Linke erinnert wissen möchte".

Die 2020 gegründete Projektgruppe "Keep the memory alive" (Haltet die Erinnerung lebendig), der je zwölf Oberstufenschülerinnen und Oberstufenschüler des Max-Windmüller-Gymnasiums in Emden und der Democratic School in Modi'in (Israel) angehören, hat die Jury nachhaltig beeindruckt. „Ein nachahmenswertes Beispiel gemeinsamen Engagements, das die Recherche und die Begegnung mit Zeitzeuginnen und Zeitzeugen und deren Familien und den Austausch mit israelischen Jugendlichen einschließt und mehrfach Grenzen überschreitet", hieß es in der Laudatio über die Drittplatzierten. „Das Erlebte, die Erkenntnisse, Erfahrungen und Emotionen sind medial hervorragend aufbereitet und der Öffentlichkeit zugänglich gemacht. Das Interesse an Geschichte, an jüdischer Kultur und nicht zuletzt an einzelnen Menschen, die Empathie und die Selbstverpflichtung, Erinnerungsarbeit zu leisten, sind überdeutlich und glaubhaft. Ein lebensbejahendes Projekt, das den Opfern der Shoah Respekt bezeugt und zur Völkerverständigung beiträgt." Der Name „Keep the memory alive" sei hier wirklich Programm, war der Eindruck einer weiteren Juro-Jurorin. Das vielseitige Engagement der Gruppe, von Gesprächen und Videos mit Zeitzeugen über die Nutzung von Instagram, Stolpersteinverlegungen und Reisen zu Gedenkstätten, sei wirklich beachtenswert. Die Kooperation mit israelischen Jugendlichen war auch der Grund, warum die Gruppe nicht zur Preisverleihung anreisen konnte: Die Austauschschülerinnen und Austauschschüler aus Modi'in waren in Emden zu Gast.

Insgesamt hatte es elf Bewerbungen um den erstmals ausgeschriebenen Preis gegeben, der nach der von den Nazis verfolgten jüdischen Familie Silten aus Berlin benannt ist. Zur Jury gehörten Miriam Keesing aus Amsterdam, die in der Geschichtswerkstatt ihr Gedenkprojekt für unbegleitete jugendliche Flüchtlinge aus Deutschland und Österreich (DOKIN) präsentierte, die Anthropologin An Huitzing, ebenfalls aus Amsterdam, die Historikerin Anna Junge (Berlin), die Historikerin Christine Kausch (Münster/Berlin) und die Historikerin Monika Felsing vom Verein Lastoria, die die Geschichtswerkstatt organisiert und die zweiteilige Kindheitsbiografie von R.

Gabriele S. Silten in ehrenamtlicher Arbeit übersetzt hat. Korrektur gelesen hat die Holocaustüberlebende R. Gabriele S. Silten, die Professorin für Sprachen war, die Manuskripte noch selbst. Im Oktober 2021 ist sie in Kalifornien gestorben. Sämtliche Buchhonorare fließen, wie mit ihr abgesprochen, in den Preis ein. Unterstützt wird die Auszeichnung außerdem von privaten Spenderinnen und Spendern und vom Familienunternehmen Dräger (Lübeck). Und auch das hat einen biografischen Hintergrund: Der erfolgreiche Apotheker, Fabrikant und Erfinder Ernst Silten, Gabrieles Großvater, und der frühere Konzernchef Heinrich Dräger waren Geschäftsfreunde.

Ein weiterer Gedanke prägte die Geschichtswerkstatt: Wenn Zeitzeuginnen und Zeitzeugen nicht mehr selbst präsent sein könnten, müssten neue Formen gefunden werden, um ihre Erfahrungen zu vermitteln und ihre Botschaften weiterzutragen. In dieser Hinsicht hatte jedes der elf Projekte in den Augen der Jury Anerkennung verdient, ganz im Sinne von Gabriele Silten. Ein Auszug aus deren „Gebet einer Überlebenden", in den Urkunden zu lesen, endet mit der Aufforderung: „So lasst uns Zeugnis ablegen, von Generation zu Generation, damit es niemand jemals vergisst." Benet Lehmann wiederum hatte in seiner Bewerbung zitiert, was Esther Bejarano Jugendlichen mit auf den Weg gegeben hat: „Ihr seid nicht schuld an dieser schrecklichen Zeit, aber ihr macht euch schuldig, wenn ihr nichts über die Geschichte wissen wollt."

Preisträgerinnen und Preisträger mit ihren Bewerbungen um den Silten-Preis und Jury-Stimmen

Die Silten-Preis-Jury hatte alle Bewerberinnen und Bewerber nach ihrer Motivation gefragt und um Projektbeschreibungen gebeten. Es folgen Auszüge aus den Bewerbungen und Stimmen der Jury in der Reihenfolge, in der sie als Laudatio vorgetragen worden sind.

Dritter Preis:
Projektgruppe „Keep the memory alive" des Max-Windmüller-Gymnasiums in Emden und der Democratic School in Modi'in (Israel)

Aus der Bewerbung:

„Zu dem deutschen Teil unserer Gruppe gehören: Derya Aldemir, Mia Busch, Mia Bredebusch, Lea Eicke, Louisa Franke, Wencke Jürrens, Naomi Kalu, Anna-Lena Klein, Merit Klus, Reiko Miege und Laura Oldewurtel.

„Wir sind eine Projektgruppe mit jeweils 12 Schüler*innen aus den Jahrgängen 11-13 des Max-Windmüller-Gymna-siums in Emden und der Democratic School in Modi'in (Israel). Dabei tragen wir den Namen „Keep the memory alive", was übersetzt „Erhalte die Erinnerung am Leben" bedeutet. Wir haben unsere Projektgruppe 2020 gegründet. In Emden sind Kai Gembler und Jochen Scheuermann die betreuenden Lehrer unserer Gruppe.

In unserem Projekt geht es darum, aktiv einen Beitrag zur Erinnerungskultur zu leisten und somit die Vergangenheit nicht in Vergessenheit geraten zu lassen. So sind wir beispielsweise bei Stolpersteinverlegungen mit dabei und lesen die Biografien der Personen vor. Zudem werden diese Stolpersteine regelmäßig von uns Schülern geputzt.

Ein weiterer Teil unseres Projektes besteht darin, mit Zeitzeugen oder weiteren Menschen, die sich mit dem Holocaust beschäftigen, ins Gespräch zu kommen. Dazu zählen beispielsweise Gespräche mit den Holocaust-Überlebenden Albrecht Weinberg oder Tswi Herrschel. Tswi Herrschel und seine Tochter Natali durften wir Schüler*innen aus Emden im Dezember 2021 in die Niederlande begleiten. Dort waren wir in Diepenheim bei einer Stolpersteinverlegung für Mitglieder der Familie Herrschel dabei. Die weitere Reise führte uns unter anderem nach Zwolle, in die Geburtsstadt Tswis, und in das ehemalige Durchgangslager Westerbork. Man kann über die Erfahrungen der Reise vermutlich seitenlang schreiben. Siehe die Schulhomepage: https://max-emden.de/wordpress/keep-the-memory-alive-auf-den-spuren-der-familie-herschel/

Einen Teil der Reise hat uns ein zweiköpfiges Kamera-Team aus den Niederlanden begleitet, welches zuvor schon einmal in Emden war und mit drei Schülerinnen von uns ein Interview führte. In ihrem Film „Wieder gut?" geht es darum, wie Deutsche und Niederländer mit der Vergangenheit der Judenverfolgung umgehen. Mit folgendem Link gelangt man zu ihrem Film: https://www.npostart.nl/2doc/27-01-2022/VPWON_1331537

Neben der tiefergehenden Begegnung mit Tswi und seinen Töchtern sind wir Schüler aber auch froh mit Arie Windmüller ins Gespräch kommen zu können, welcher der Neffe des Widerstandskämpfers und Namengebers unserer Schule Max Windmüller ist.

All diese Begegnungen und Geschichten gehen einem sehr ans Herz und sind unbezahlbar. Wir freuen uns zudem Claudio und Daniel Simon, welche Verwandte von Max Windmüller sind, und Esther Bejerano an unserer Schule getroffen zu haben. Weitere Namen zu nennen, würde hier vielleicht etwas den Rahmen sprengen.

Neben den genannten Aktionen ist ein Austausch mit den israelischen Schülern unserer Projektgruppe geplant, welcher leider aufgrund von Corona mehrfach verschoben werden musste und hoffentlich dieses Jahr stattfinden kann. Aufgrund der heutzutage gut digitalisierten Welt stehen wir glücklicherweise durch Videokonferenzen in engem Kontakt zueinander und konnten so gemeinsam auch digital beispielsweise zur #Remember-Aktion ein Zeichen setzen.

Unsere Motivation: Die Gespräche und Vorträge, die einen emotional treffen, motivieren uns Schüler*innen am meisten genau das weiterzuführen, was wir aktuell machen, nämlich an die Vergangenheit erinnern. Man merkt wie viel jedem Einzelnen von uns dieses Projekt bedeutet und wie viele Erfahrungen man bei jeder einzelnen Aktion sammeln kann.

Wir sind uns zudem bewusst, dass wir nicht mehr viel Zeit haben, mit den Zeitzeugen persönlich zu sprechen und sind sehr dankbar über jedes Treffen, welches wir bisher miterleben durften. Deswegen ist es umso wichtiger, gerade jetzt aktiv zu sein, damit wir diese Geschichten der Vergangenheit weitertragen können.
Um unsere Erfahrungen und Aktionen festzuhalten und öffentlich zugänglich zu machen, laden wir auf einer eigenen Instagram-Seite, die von einem Teil unserer Gruppe geführt wird, Beiträge hoch. Diese Seite trägt unseren Projektnamen keepthememoryalive. Zusätzlich werden Artikel und Videos auf

der Homepage und dem Youtube-Kanal unserer Schule veröffentlicht.

Jury-Stimmen:

„Ein nachahmenswertes Beispiel gemeinsamen Engagements, das die Recherche und die Begegnung mit Zeitzeuginnen und Zeitzeugen und deren Familien und den Austausch mit israelischen Jugendlichen einschließt und mehrfach Grenzen überschreitet. Das Erlebte, die Erkenntnisse, Erfahrungen und Emotionen sind medial hervorragend aufbereitet und der Öffentlichkeit zugänglich gemacht. Das Interesse an Geschichte, an jüdischer Kultur und nicht zuletzt an einzelnen Menschen, die Empathie und die Selbstverpflichtung, Erinnerungsarbeit zu leisten, sind überdeutlich und glaubhaft. Ein lebensbejahendes Projekt, das den Opfern der Shoah Respekt bezeugt und zur Völkerverständigung beiträgt. Vielleicht sollte ihnen aber jemand sagen, dass die deutsche Übersetzung des Titels falsch ist..."

„Sehr schön, ein Projekt zwischen Schulen in Deutschland und Israel, das auch Beziehungen zu den Niederlanden unterhält. Toll, wie sie es geschafft haben, eine Verbindung zu anderen Projekten herzustellen, wie z.B. den Dreharbeiten in den Niederlanden."

„Der Name ‚Keep the memory alive' ist hier wirklich Programm. Das vielseitige Engagement (von Gesprächen und Videos mit Zeitzeugen über Stolpersteinverlegungen und Reisen in Gedenkstätten) der Gruppe ist wirklich beachtenswert. Hervorzuheben ist zudem der internationale Charakter: Erinnerung findet hier länderübergreifend (Deutschland-Israel, aber auch andere Länder, wie die Niederlande) statt und trägt damit auch im Hier und Jetzt zu einer grenzüberschreitenden Verständigung bei. Dabei werden (besonders bei jungen Leuten beliebte) Medien wie Instagram genutzt, um die jungen Menschen zu erreichen."

„Die Aktivitäten der Projektgruppe sind sehr zu begrüßen, insbesondere der direkte Kontakt mit jüdischen Zeitzeug:innen. Positiv ins Gewicht fällt außerdem der Austausch mit israelischen Schüler:innen und der Bezug zur Niederlande."

Zweiter Preis:
Benet Lehmann

Humboldt-Universität zu Berlin / Justus-Liebig-Universität (JLU) Gießen, Abschlussarbeit über Esther Bejarano (1924-2021). Zeitzeugin, Künstlerin und Antifaschistin.

Aus der Bewerbung:

„Bejarano war, ebenso wie Ruth Gabriele S. Silten, eine aktive Zeitzeugin und Mahnerin gegen das Vergessen. Esther Bejarano ist in den letzten Jahrzehnten ihres Lebens zu einer Ikone geworden. Im Juli 2021 starb die jüdische Auschwitz-Überlebende mit 96 Jahren in Hamburg. Ich befand mich auf den letzten Seiten einer Biografie zu Bejarano, die ich als Abschlussarbeit meines Studiums einreichte. Das Thema wollte ich bereits seit Längerem bearbeiten, Bejaranos Lebensgeschichte begleitet mich seit meiner Jugend. Mein Vater erzählte mir von ihr, als ich klein war, 2012 lernte ich sie dann auf einer Kundgebung in Hamburg kennen. Im Zuge meiner Recherchen führte ich zwei Interviews mit ihr. Meine Frage: Wie gelang Bejarano die „Karriere" als Zeitzeugin?

Die Biografie teilt sich in zwei Abschnitte, der erste beinhaltet Bejaranos Leben in der Weimarer Republik, im Nationalsozialismus und in der BRD bis in die 1970er Jahre. Ihre – von ihr als glücklich beschriebene – Kindheit in einer bürgerlichen, sozialdemokratischen und jüdischen Familie bildet den biografischen Beginn, der Ausschluss durch das Konzept der Volksgemeinschaft und der Rassegesetze und die daraus resultierenden Erschütterungen den ersten Bruch. Zunehmende Isolation, die Emigration der Geschwister, die Trennung von den Eltern, die zunichte gemachte Hoffnung der Ausreise und die Zwangsarbeit sind schwerwiegende Traumata ihrer Jugend. Die Zeit im „Auschwitzer Mädchenorchester" ist – wenn auch durch eine spätere repressiv-melancholische Überformung, die kritisch eingeordnet werden muss – das wohl für viele Rezipient:innen anziehendste Kapitel ihres Lebens. Ihre Zeit in Auschwitz, Ravensbrück, der Todesmarsch sowie die Befreiung sind zwar in ihrer Faktizität bekannt, jedoch bisher nicht im Licht aktueller Forschung betrachtet worden. Hier ist es von zentraler Bedeutung, dass die Erzählung dieser Erfahrungen und erlittenen Gewalt den entscheidendsten Beweggrund und die spätere Grundlage für ihre Tätigkeit als Zeitzeugin bilden. Zeitlich nachfolgend zeigt sich die Emigration nach Palästina und die Integration in die israelische Gesellschaft der 50er Jahre als entscheidende biografische Episode. Hier hatte sie ihre ersten Auftritte als Sängerin, heiratete ihren Mann Nissim und bekam zwei Kinder, Edna und Joram. Doch als sozialistisch denkende Überlebende und in Partnerschaft mit einem „Mizrachi" (aus dem Nahen Osten, Asien und Afrika stammende Juden und Jüdinnen) – beide verweigerten außerdem seit Mitte der 1950er eine Teilnahme an den Kriegen zwischen Israel und seinen Nachbarländern – hatte sie in der jungen Gesellschaft keinen leichten Stand. Die Entscheidung zur Remigration in das „Land der Täter" 1960 sowie der damit verbundene Ausschluss aus der zionistischen Gesellschaft Israels fiel ihr nicht leicht.

Zugleich sah sich Bejarano in Westdeutschland mit einem immer noch grassierenden Antisemitismus konfrontiert. Sie wählte die Abgeschiedenheit von der deutschen nichtjüdischen Gesellschaft, die sich durch das Trauma der Verfolgung, genauso wie durch die auch nach 1945 reale Gefahr, Opfer antisemitischer und rassistischer Attacken zu werden erklärt.

Im zweiten Teil der Biografie steht Bejarano als politisch aktive und erzählende Zeitzeugin im Fokus. 1978 brach sie ihr Schweigen, als sie in ihrer Straße einen Stand der NPD kritisierte und dabei von der Polizei abgemahnt wurde; so ihr erzählter Initialmoment. Von da an begann ihre „Karriere": Sie war „Künstlerin für den Frieden" und sah ihr geschichtspolitisches und musikalisches Engagement in der Verhinderung eines „weiteren Auschwitz" begründet, einem dritten Weltkrieg. Im politischen Kontext der Friedensbewegungen, Geschichtsbewegungen und Zeitzeugengespräche festigte sich ihre politische linke Haltung. Diese wird ihr posthum oft abgesprochen, macht jedoch einen entscheidenden Teil ihrer politischen Bewusstseinswerdung aus. Mit der Gründung des Auschwitz-Komitees 1986 sicherte sie sich eine mächtige Position als Zeitzeugin. Ihrem Selbstverständnis als Überlebende und Antifaschistin folgend, kritisierte sie die Bestrebung rechtskonservativer Geschichtspolitik die Shoah zu relativieren, während sie gleichzeitig früh auf die entstehende rechte Gewalt in der ehemaligen DDR und die prekäre Lage migrierter Menschen aufmerksam machte. Nach 1998/90 erlebte Bejarano als weitgehend unbelastete politische Figur eine erhebliche Popularisierung. Sie wurde Bundessprecherin der Vereinigung der Verfolgten des Naziregimes – Bund der Antifaschistinnen und Antifaschisten (VVN-BdA). Lange hielt diese Episode der internen Verbandsarbeit jedoch nicht an, ihren Aufgabenbereich sah sie stets eher als Sprachrohr der Überlebenden. Schließlich ergab sich im Hinblick auf die späten 90er und OOer ein Spannungsfeld zwischen ihrer Kritik an israelischer Politik und Identifizierung als jüdische Person sowie im Hinblick auf ihr Eintreten für postmigrantische Erinnerungskulturen. Bereits seit den ausgehenden 90er Jahren zeichnete sich ab, dass Bejarano als Zeitzeugin bundesweit Einfluss würde nehmen können. Grundlegend waren dafür die Umstände in der VVN-BdA und anderen politischen Gruppierungen, ihr Vermögen, auf die sich verändernden erinnerungspolitischen Diskurse zu reagieren, stetiges Interesse an sich ausdifferenzierenden Erinnerungskulturen und nicht zuletzt ihre in biografischen Darstellungen oft beschworene Integrität als Person. Es war die Verknüpfung mit persönlichen Erlebnissen, die ihre politischen Forderungen erst so wirksam machten. Die vollständige Arbeit lasse ich Ihnen selbstredend gerne zukommen, auch die Gutachten meiner Prüfer.

Zurzeit plane ich die Veröffentlichung der Biografie. Das Ende der Zeitzeugenschaft des Nationalsozialismus steht kurz bevor. Was passiert, wenn die Miterlebenden nie wieder vom Nationalsozialismus in Deutschland, von der Shoah erzählen? Verblasst die Erinnerung? Werden die Verbrechen zu abstrakt? Nicht zuletzt gewinnen Aussagen von Zeitzeug:innen wie Ruth Gabriele Silten und Esther Bejarano vor dem Hintergrund des weiteren Erstarkens antidemokratischer Tendenzen und der Gefahr geschichtsrevisionistischer Umdeutungen an dringender Notwendigkeit. Daher gilt es jetzt zu handeln und sich mit den Biografien der Überlebenden auseinanderzusetzen. Ich durfte Bejaranos Biografie bereits bei zwei öffentlichen Vorträgen vorstellen und konnte in der letzten Ausgabe der „Blätter für deutsche und internationale Politik" einen Text über sie veröffentlichen - https://www.blaetter.de/ausgabe/2022/februar/ueberleben-um-zu-erinnern.

Für die nahe Zukunft plane ich einen Stadtteilrundgang zu ihrem Leben in Hamburg mit der Bildungsstätte „Israelitische

Töchterschule" und einer Berliner Geschichtswerkstatt. Aktuell bin ich jedoch mithilfe der Minerva Stiftung für zwei Monate in Israel und interviewe weitere Weggefährten Bejaranos.

Hier noch eine kurze biografische Notiz zu mir: Ich wurde 1997 in Hamburg geboren, studierte zuerst in Hamburg, dann in Berlin Geschichtswissenschaften, wobei ich Stipendiat der Hans-Böckler-Stiftung war. 2019/20 war ich am Koebner Institut für deutsche Geschichte an der Hebräischen Universität Jerusalem. Betreut wurde meine Abschlussarbeit von Prof. Dr. Michael Wildt und Prof. Dr. Moshe Zimmermann und mit Sehr gut bewertet. Aktuell bereite ich eine Dissertation an der Universität Gießen vor, mit der ich nach Abschluss der Publikation der Bejarano-Biografie beginnen möchte.

Um die Botschaft meines Projekts in einem Satz zusammen-zufassen, will ich direkt Esther Bejarano zitieren: „Ihr seid nicht schuld an dieser schrecklichen Zeit, aber ihr macht euch schuldig, wenn ihr nichts über die Geschichte wissen wollt."

Jury-Stimmen:

„Benet Lehmann leistet einen Beitrag dazu, dass die Stimme einer Holocaustüberlebenden, die durch ihre Persönlichkeit und ihren unermüdlichen Einsatz mehrere Generationen beeinflusst hat, auch noch nach ihrem Tod gehört wird. Die Begegnung mit ihr hat ihn ohne Zweifel geprägt. Dieser persönliche Zu-gang, aber auch die Tatsache, dass Benet Lehmann sich seit längerer Zeit engagiert, unterschiedliche Formen der Erinne-rungsarbeit wählt und international recherchiert, macht sein Engagement besonders wertvoll."

„Sehr leidenschaftliche Forschung und ein sehr interessantes Thema. Ich hatte noch nie von Esther Bejarano gehört, aber es

klingt, als wäre es wichtig, dass mehr Menschen sie kennen-
lernen."

„Wichtiger und interessanter Ansatz, der das Leben der
(ehemaligen) Verfolgten/ Überlebenden nicht nur auf die Zeit
des Nationalsozialismus reduziert, sondern verdeutlicht, wie die
Erfahrungen der damaligen Zeit auch tiefgreifende Auswirkungen auf ihr weiteres Leben hatten. Zudem können wichtige
Einsichten über die Motive der Zeitzeugenschaft gewonnen
werden: Was trieb Esther Bejarano an?"

„Die Würdigung Esther Bejaranos, mit Verweis auch auf Ruth
Gabriele Silten, mit einer Biografie kurz nach ihrem Tod ist ein
toller, aktueller und wichtiger Beitrag im bundesdeutschen
Erinnerungsdiskurs. Besonders wichtig finde ich, dass Benet
Lehmann Bejarano als politische Aktivistin und Linke erinnert
wissen möchte. Die Betreuung seiner Arbeit durch Wildt und
Zimmermann lässt erwarten, dass es sich um eine Arbeit von
großer wissenschaftlicher Qualität auf hohem Reflexionsniveau
handelt, die die aktuelle Debatte um das Ende der Zeitzeugenschaft und die Zukunft der Erinnerung beeinflussen wird.
Mit der Auszeichnung soll die Veröffentlichung ermöglicht
werden, was sehr wünschenswert ist."

Ebenfalls zweiter Preis:
Schulzentrum Rübekamp, Bremen,

entgegengenommen von Lehrer und AG-Mitgründer
Werner Pfau und AG-Mitglied Lotta Petry
Aus der Bewerbung

„Wir sind sechs ehemalige Schülerinnen und Schüler (Lotta
Petry, Rinah Groeneveld, Hannah Lehmkuhl, Béla Lesch, Alina

Kastens und Carlotta Schukat) der gymnasialen Oberstufe des Schulzentrums Rübekamp Bremen und haben im Rahmen unserer AG gegen Antisemitismus 2020 eine Gedenkminute für alle Opfer der Reichspogromnacht 1938 an allen Bremer Schulen initiiert, um an die Opfer der Pogromnacht 1938 zu erinnern. Von Seiten der Schule wurden wir von dem Geschichtslehrer Werner Pfau betreut, der unsere Aktion tatkräftig unterstützt hat.

Die Idee zur AG gegen Antisemitismus entstand, nachdem die eigentlich jährlich an unserer Schule stattfindende Gedenkfahrt nach Krakau Corona-bedingt abgesagt werden musste. Da wir uns trotzdem mit den Themen Antisemitismus und Nationalsozialismus auseinandersetzen wollten, gründeten wir die AG. Innerhalb eines regulären AG-Treffens entstand dann die Idee der Gedenkminute zur Reichspogromnacht, da wir uns vorgenommen hatten, auch eine nach außen wirksame Aktion durchzuführen. Um diese Idee umsetzen zu können, formulierten wir zunächst ein Schreiben an die damalige Bremer Senatorin für Kinder und Bildung Claudia Bogedan.

Parallel arbeiteten wir an einer Infobroschüre und bemühten uns darum, Aufmerksamkeit für unsere Aktion zu bekommen. Im Zuge dessen sind wir beispielsweise durch alle Klassen an unserer Schule gegangen oder standen im Kontakt mit Journalist*innen und natürlich Verantwortlichen in der Bremer Bildungsbehörde. Nachdem durch die Senatorin die Gedenkminute angenommen und an alle Bremer Schulen getragen wurde, konnten wir uns mit der konkreten Durchführung der Gedenkminute an unserer Schule befassen. Hierfür planten wir dann noch eine Durchsage kurz vor der Gedenkminute, in der wir diese ankündigten und noch einmal auf die Hintergründe eingegangen sind.

Mit der Gedenkminute verfolgten wir mehrere Ziele. Einmal war es uns wichtig, über die schrecklichen Verbrechen des 9.

Novembers 1938 und die Bedeutung dieses Tages für den weiteren Verlauf des Nazi-Regimes aufzuklären. Dabei war es für uns besonders wichtig aufzuzeigen, dass dies auch hier in Bremen, also praktisch direkt vor unserer Haustür, passiert ist. Zu dem wollten wir auch eine Debatte zur Erinnerungskultur und den Umgang mit dem Nationalsozialismus unter jungen Menschen anregen, um diese so zu ermutigen, sich mit diesem Thema auseinanderzusetzen.

Diese Debatte zu führen, ist uns wichtig, weil das Erinnern an die Verbrechen der Vergangenheit, spezifisch des National-sozialismus, eines der effektivsten Mittel dagegen ist, dass sich Geschichte wiederholt. Dabei ist es aber auch immer wieder wichtig zu hinterfragen, wie erinnert wird, und mit welcher Motivation, weshalb uns eine offene Debatte auch so wichtig war. Noch wichtiger ist es aber, vor allem junge Menschen zu motivieren, sich mit dem Thema auseinanderzusetzen, denn allzu oft hört man Stimmen aus unserer Generation, die meinen, das Thema wäre langweilig oder hätte nichts mehr mit ihnen heute zu tun. Da wir finden, dass genau das Gegenteil der Fall ist, wollten wir als Gruppe junger Menschen anderen zeigen, warum das Erinnern an den Nationalsozialismus auch heute noch unerlässlich ist. Mit unserer Aktion erreichten wir unser Ziel, eine Debatte anzuregen. Dies war besonders deutlich direkt bei uns an der Schule zu spüren. Zum Beispiel als wir durch die Klassen gegangen sind, um über die Gedenkminute zu informieren und unsere Infobroschüre zu verteilen. Dabei gab es viel positives Feedback von den anderen Schüler*innen, aber auch Nachfragen und teilweise kontroverse Aussagen, die eine Diskussion ausgelöst haben. Auch wurde die Reichspo-gromnacht von vielen Lehrkräften ausführlich im Unterricht besprochen auf Grund unserer Aktion, wobei einige Leh-rer*innen auch mit Berichten und Fragen aus den Klassen zu uns kamen.

Doch uns gelang es auch, viel Aufmerksamkeit für das Thema über unsere Schule hinaus zu gewinnen. So wurde beispielsweise auch ein Artikel über die Gedenkminute veröffentlicht, woraufhin einiges an Feedback uns erreichte. Außerdem fand die Gedenkminute an allen Bremer Schulen stand, wodurch hoffentlich viele Schulen sich ähnlich wie unsere Schule mit dem Thema auseinandergesetzt haben.

Auch wenn eine Gedenkminute nicht sichtbar als dauerhaftes Ergebnis festgehalten werden kann, so erreicht eine Gedenkminute trotzdem das Ziel, Erinnerung aufrechtzuerhalten, und Menschen zum Nachdenken anzuregen. Daher denken wir, dass durch unsere Aktion viele Menschen über die Reichspogromnacht informiert wurden und vor allem inspiriert, sich mit diesem Thema wirklich auseinanderzusetzen. Wir appellieren zudem an die Senatorin für Kinder und Bildung in Bremen, die Gedenkminute weiterzuführen. Folgeprojekte: Im Sommer 2021 organisierten wir eine Reise nach Berlin, wo wir uns weiter über Antisemitismus informierten. Wir bekamen eine Führung durch das Jüdische Museum, besuchten das Anne-Frank-Zentrum und konnten eine ausführliche Führung mit dem Pressesprecher des Hauses der Wannsee-Konferenz, Eike Stegen, machen.

Um die weitere Auseinandersetzung mit dem Thema an unserer Schule zu fördern, gab es eine Online-Veranstaltung mit dem jüdischen Rapper Ben Salomo, der den Antisemitismus heute beleuchtet. Außerdem erhielten wir eine Einladung des Bremer Senats zu einem Gespräch mit Mike Delberg, der sich als deutscher Jude aktiv gegen Antisemitismus einsetzt und deshalb z. B. demonstrativ eine Kippa trägt. In dem Gespräch mit ihm hatten wir die Gelegenheit, ihn nach seinen Erfahrungen zu fragen und zu diskutieren, wie Engagement gegen Antisemitismus am besten funktioniert.

Junge Menschen müssen motiviert werden, Erinnerung und Gedenken an die Verbrechen des Nationalsozialismus aktiv mitzugestalten, um aus der Vergangenheit zu lernen, und so jeglichen Diskriminierungsformen, Vorurteilskomplexen oder Versuchen, unsere Demokratie zu untergraben, entschlossen entgegentreten zu können."

Jury-Stimmen:

„Lotta Petry, Rinah Groeneveld, Hannah Lehmkuhl, Béla Lesch, Alina Kastens und Carlotta Schukat, fünf Absolventinnen und ein Absolvent des Schulzentrums Rübekamp Bremen, haben 2020 über ihre eigene Schule hinaus wertvolle Überzeugungsarbeit geleistet und mit ihrer AG ein Zeichen gesetzt. Gemeinsames Gedenken in Corona-Zeiten zu organisieren, samt Infobroschüre und kontroversen Diskussionen in den Klassen, die weiterführende Beschäftigung mit dem Thema Holocaust: Alles zeugt davon, dass diese AG etwas bewegt hat. Im Sinne der Erinnerungskultur und des Einsatzes gegen Antisemitismus und für die Demokratie."

„Ein schönes Projekt, das viel nützlicher ist als eine Reise nach Polen, denke ich. Ich sehe einige offene Fragen: Wird dieses Projekt weiter bestehen, wenn das Reisen wieder möglich sein wird? Eine Gedenkminute alleine ist nicht wirklich sinnvoll, es gibt viel zu tun."

„Tolle Initiative, der es gelungen ist, alle Schulen in Bremen zu einer gemeinsamen Gedenkminute zu bewegen und damit schulübergreifend an die Verbrechen der Pogromnacht zu erinnern. Mit der Beschäftigung der Ereignisse vor Ort wurde nicht nur das Schicksal der Opfer in Erinnerung gerufen, sondern zugleich sichtbar, dass diese Verbrechen nicht weit weg passiert sondern, sondern auch in der eigenen Stadt Menschen daran beteiligt waren."

„Mein absoluter Favorit ist die Initiation einer Gedenkminute im November 2020 an allen Bremer Schulen. Mit ihrem Projekt gelang es den Schüler:innen nicht nur, stadtweit an die Pogromnächte 1938 zu erinnern und zum entsprechend notwendigen Unterricht anzuregen, ebenso betrachte ich die Gedenkminute als eine äußerst wirkungsvolle Aktion, um auf heutigen Antisemitismus hinzuweisen und junge Menschen diesbezüglich zu informieren, aufzurütteln und zum Engagement gegen Antisemitismus zu motivieren. Das Infoblatt verweist auf überaus gute Links zur Weiterbildung. Von einer Würdigung der Aktion per Preis verspreche ich mir, die Schüler:innen in ihrem Versuch, die Fortsetzung und langfristige Etablierung der Schweigeminute in Bremen (und anderswo) zu erreichen, voranzubringen."

Erster Preis:
Schülerinnen und Schüler des Gymnasiums Bad Iburg und der IGS Osnabrück

Aus der Bewerbung

eingereicht von: Johanna Lamm, Gina Lüdecke, Jana Lüdecke, Maria Papenbrock, Lea Puke, Maylin Tepe, Jael Zündorf vom Gymnasium Bad Iburg (GBI) beziehungsweise der Integrierten Gesamtschule Osnabrück (IGS), Jahrgang 12.
„Der Ausschluss jüdischer SportlerInnen aus dem Osnabrücker Turnverein ab 1924, am Beispiel der Sportlerin Lea Levy." Gedenkstätte als Erinnerung für die ausgeschlossen Juden und Jüdinnen auf dem Grundstück des heutigen Osnabrücker Sportclub (OSC). Betreuende Lehrkräfte waren Herr Müller (GBI) und Herr Radewald (IGS).

Für den Geschichtswettbewerb des Bundespräsidenten 2021 haben wir uns mit dem Ausschluss von jüdischen SportlerInnen aus dem damaligen Osnabrücker Turnverein, heute der OSC, beschäftigt. Auffällig war dabei, dass der Ausschluss schon 1924, also vor Hitlers Machtübernahme begann und Kinder genauso wie Erwachsene ausgeschlossen wurden. Diesen Ausschluss haben wir anhand des Lebens von der Turnerin und Tennisspielerin Lea Levy, in einem Podcast näher erläutert. Im Anschluss an dieses Projekt hat unsere Gruppe, gemeinsam mit einem Kunstworkshop, bestehend aus einem professionellen Bildhauer und Schülern des Kunst-Leistungskurses unserer Schulen, die Errichtung eines Denkmals bewegt. Eine Gedenktafel mit einem QR-Code leitet einen weiter zu einer genaueren Beschreibung der Gedenkstätte, eingebettet in die Website der „Gedenkstätten Osnabrück Augusterschacht".

Schon während der Teilnahme am Geschichtswettbewerb des Bundespräsidenten kam die Idee auf, eine Gedenkstätte zu errichten. Kurz nach der Fertigstellung des Podcasts haben wir uns in Kontakt mit dem OSC gesetzt und möglichen Sponsoren. Die Finanzierung erfolgte Schlussendlich durch die Gedenkstättenförderung Niedersachsen, dem OSC und der Herrentaichsleischaftstiftung. Der Vorsitzende der Herrenteichslaischaftstiftung Hermann Queckenstedt wurde zum tatkräftigen Unterstützer unseres Projektes. Gemeinsam mit ihm, dem Bildhauer Bernd Obernüfemann aus Osnabrück, den Kunst-Leistungskurslehrern, den Vorsitzenden des OSC Herr Bartsch und Herr Witte und in Rücksprache mit der jüdischen Gemeinde in Osnabrück haben wir einen Vorschlag ausgewählt, von den Schülern der Kunst LKs. Dieser Vorschlag wurde in Form einer Workshopwoche von einer zehnköpfigen Schülergruppe und Herrn Obernüfemann umgesetzt und in der Nähe des Eingangs des OSC aufgestellt. Auf Wunsch der jüdischen Gemeinde wurde die Gedenkstätte offiziell am 9. 11. 2021 eingeweiht.

Schon durch unser vorheriges Projekt war unsere Gruppe bewegt von dem Schicksal von Lea Levy. Wir sind alle selber Mitglieder in einem Sportverein, was es noch unvorstellbarer macht, nicht mehr den Sport ausüben zu dürfen, der einem soviel Spaß macht. Der OSC selbst, als größter Sportverein in Osnabrück, hatte die Geschichte des Vorgängervereins zur Zeit des Nationalsozialismus noch nicht aufgearbeitet. Dies wollten wir ändern, damit das Leiden der Juden und Jüdinnen auch in unserer Heimatgegend nicht in Vergessenheit gerät, sowie ihr rücksichtsloser Ausschluss aus dem Sportverein und damit auch einem Stück aus der Gesellschaft.

Auf dem Grundstück des OSC erreicht es eine große Masse an Menschen in allen Altersklassen und fördert somit das Bewusstsein wie wichtig Integration und Zusammenhalt im Sport ist. Die Gedenkstätte ist von einer belebten Kreuzung aus gut ersichtlich und dadurch, dass sie im Freien steht, für die Öffentlichkeit jederzeit zugänglich. Die Hausmeister des OSC pflegen das Denkmal, sodass es dauerhaft in einem guten Zustand ist. Die Adresse des OSC lautet: Hiärm-Grupe-Straße 8, 49080 Osnabrück.

Unsere Lehrer entwickeln mit dem Verein „Gedenkstätten Osnabrück Augusterschacht" Bildungsmaterialien für den Unterricht, die unter anderem in unserer Schule zum Einsatz kommen. Für uns als Schülergruppe bildet die Gedenkstätte den Abschluss unserer Projekte. Die grausamen Verbrechen an einer ganzen Bevölkerungsgruppe dürfen nicht in Vergessenheit geraten und Hass aufgrund der Herkunft oder Ähnlichem sollten nie wieder Platz im Sport und der Gesellschaft haben."

Jury-Stimmen:

„Aufklärung über Antisemitismus gestern und heute, über das Entstehen von Vorurteilen und Mobbing, aber auch über

66

lebendiges Judentum, große Empathie und eine klare, ethische Haltung, künstlerisches und technisches Know-how und sehr viel Kreativität: All das zeichnet diese hervorragende Arbeit dieser Schülergruppe des Gymnasiums Bad Iburg und der Integrierten Gesamtschule Osnabrück aus. Die Leistung geht weit über das hinaus, was von dieser Altersgruppe erwarten werden darf. Eine absolut vorbildliche Aktion, die in mehrfacher Hinsicht nachwirkt, schon wegen der starken aktuellen Bezüge, ein überzeugendes Statement für Toleranz und Fairness und gegen Diskriminierung aller Art – nicht nur im Sport."

„Mir gefällt, dass es lokal ist und die Art und Weise, wie sie andere Disziplinen und Jugendliche einbezogen haben. Das hat einen hohen pädagogischen Wert. Es ist sehr beeindruckend, was diese Schulkinder geleistet haben."

„Hier hat mich besonders die Kooperation der verschiedenen Menschen und Gruppen (Schüler, Künstler und Sportverein) beeindruckt sowie die verschiedenen Formen des Erinnerns (Denkmal und Podcast) und die direkte Beteiligung der Schüler an der Gestaltung des Denkmals. Das Projekt verdeutlicht zudem, dass Antisemitismus keine Erfindung der National-sozialisten war, sondern es bereits zuvor zur Ausgrenzung jüdischer Mitbürger gekommen ist."

„Herausragend ist die Bewerbung der Schüler:innen aus Bad Iburg/Osnabrück. Die Präsentation der Ergebnisse per Home-page und Podcast ist sehr professionell, der Gedenkstein absolut gelungen. Die Schüler:innen haben die antisemitische Vertrei-bungsgeschichte eines Sportvereins aufgearbeitet, der sich seiner Vergangenheit bisher nicht gestellt hatte, gleichzeitig besteht ein Bezug zur eigenen Schule/Vereinsmitgliedschaft im Verein der Jugendlichen. Besonders gefällt mir, dass bei diesem Projekt in Kooperation mit der Jüdischen Gemeinde Osnabrück und Makkabi Deutschland gearbeitet wurde."

Anerkennung für sieben weitere Projekte

Sieben weitere Projekte hatten sich um den Silten Preis beworben, sowohl studentische als auch schulische, die natürlich nicht unmittelbar vergleichbar waren. Die Silten-Preis-Jury war von dem Engagement der Jugendlichen und jungen Erwachsenen beeindruckt und hat allen Urkunden verliehen und eine öffentliche Anerkennung ausgesprochen. Hier die Jury-Stimmen.

Hanna Ida Bähr, 18 Jahre, Pirmasens

Aus der Bewerbung:

„Bis zum 27. März 2022 war ich Schülerin des Hugo Ball Gymnasiums in Pirmasens, welches ich nun mit bestandenem Abitur verlassen habe. Mein Projekt trägt den Namen „Max Wolff-Das Schicksal eines Pirmasenser Juden", unterstützt hat mich Karola Streppel, die den Arbeitskreis „Geschichte der Juden in Pirmasens" leitet. Das Projekt umfasst im Allgemeinen das Schicksal von Juden in Pirmasens, mit dem Schwerpunkt der Reichspogromnacht, gezeigt anhand des persönlichen Schicksals von Max Wolff und seiner Familie.

Thematisiert werden u.a. Gräueltaten während und nach der Reichspogromnacht, Deportationen ins Konzentrationslager Dachau sowie die Flucht und Emigration vieler Menschen. Zu Beginn der Arbeit haben wir im Stadtarchiv Pirmasens nach hilfreichen Informationen zur Familie Wolff, vor allem bezüglich des genauen Wohnstandortes gesucht. Zudem hatten wir bereits Texte der Söhne von Max Wolff, sowie weitere Augenzeugenberichte vorliegen, die wir nach und nach studiert haben. Es gelang uns die Kontaktaufnahme zum Enkel von Max Wolff, welcher in den USA lebt, auch er ließ uns einige essenzielle Informationen und Dokumente zukommen.

Bei der Ausarbeitung entschlossen wir uns dazu, dass Frau Streppel sich hauptsächlich mit der familieneigenen Firma und deren Entwicklung bis hin zum Bankrott in den 1920er befasste, während ich hauptsächlich auf das Schicksal der Familie Max Wolff einging. Zusätzlich zu der Kontaktaufnahme mit dem Enkel von Max Wolff, Melvin Wolff, gelang uns auch die Kontaktaufnahme zu weiteren, entfernteren Familienmitgliedern. In der Schule hielt ich im Geschichtskurs ein ausführliches Referat über das Schicksal der Familie Wolff, welches mit 15 MSS-Punkten bewertet wurde.

Die Gedenktafeln (zwei Stück) für Max Wolff und seine Familie wurden am 16.02.2022 in der Gasstraße 8-10, dem früheren Wohnhaus der Familie Wolff, in Pirmasens angebracht. Am folgenden Tag wurde eine virtuelle Führung durch das KZ Dachau am Hugo-Ball-Gymnasium angeboten, an welcher die Schüler der MSS 13 teilnahmen. Diese Führung wurde von Frau Streppel, meiner Geschichtslehrerin und mir geplant. Am 21.02.2022 fand eine weitere virtuelle Führung durch Dachau statt, an welcher interessierte Personen teilnehmen konnten. Die Nachkommen, sowie auch Melvin Wolff nahmen ebenso an dieser Führung teil.

Motiviert hat mich hauptsächlich der Kontakt, den ich zu Melvin Wolff aufgebaut habe, da er ein sehr netter und humorvoller Mensch ist. Wir stehen auch aktuell noch in einem sehr guten, freundschaftlichen Kontakt. Auch die Emotionen, die ich bei den anderen Verwandten erfahren habe, haben mir gezeigt, dass diese Arbeit für sie und auch für andere von großer Bedeutung ist.

Durch das Projekt haben sich entfernte Verwandte von Max Wolff kennen gelernt, da diese bei der Anbringung der Gedenktafeln, sowie einem anderen gemeinsamen Treffen dabei waren. Durch einen QR-Code, welcher auf den Gedenktafeln angebracht ist, können sich Interessierte über die Geschichte und das Schicksal der Familie informieren. Der QR-Code führt einen zu einem Internettext über die Familie Wolff, den ich selbst verfasst habe, sowie beigefügten Portraits der einzelnen Personen.

Meine Texte habe ich auf Anfrage an Hans-Peter Reimann, einem Referenten der KZ Gedenkstätte Dachau weitergeleitet. Sie sollen dort zukünftig zugänglich für Besucher ausgestellt werden.

Das Projekt ist somit zum einen durch die Gedenktafeln und dem damit verbundenen Internettext, sowie durch die zukünftige Ausstellung der Texte in Dachau auch langfristig für jeden zugänglich.

In Pirmasens gibt es, wie oben erwähnt, den Arbeitskreis „Geschichte der Juden in Pirmasens", welcher andauernd Gedenkprojekte in Pirmasens plant und durchführt. Es sind neben anderen Projekten auch weitere Tafelanbringungen geplant.

Ich selbst möchte mich zukünftig auch an Projekten beteiligen, oder auch selbst noch mal eins planen und durchführen. Zunächst werde ich mich jedoch um einen Studienplatz und meinen Grundlehrgang in der Freiwilligen Feuerwehr kümmern.

Durch die Gedenkarbeit ist mir noch einmal sehr klar geworden, dass es betroffenen Personen oder deren Verwandten auch heute noch sehr viel bedeutet, dass gegen das Vergessen vorgegangen wird. Gerade deshalb haben auch junge Menschen, die zwar keinerlei Schuld an den vergangenen Geschehnissen haben die Verantwortung, etwas gegen das Vergessen zu tun, da wir damit alle dazu beitragen, dass solche schrecklichen Zeiten nicht wiederkommen."

Jury-Stimmen:

„Der Kontakt zu Familien von Überlebenden hat Hannah Bähr bei ihren Recherchen enorm weitergebracht, denn der persönliche Zugang zur NS-Opfer-Geschichte, über Kontinente und Generationsgrenzen hinweg, ermöglicht ihr besondere Einblicke. Was mindestens ebenso wichtig ist: Sie hat den 72-jährigen Enkel eines von den Nazis verfolgten jüdischen Pirmasensers als Freund gewonnen. Eine solche Freundschaft ist eine Bereicherung des Lebens für Rechercheurinnen und Rechercheure und kann eine prägende Erfahrung sein. Gleichzeitig vermittelt die 18-Jährige einem Enkel von Max Wolff das Gefühl, dass das Schicksal seiner Familie die junge Generation in Deutschland interessiert und berührt und dass das Leiden der NS-Verfolgten nicht vergessen ist."
„Das persönliche Engagement, das sich u.a. in der Kontaktaufnahme und -halten mit den Nachfahren von Max Wolff zeigt, ist toll. Gedenktafel und Biografie leisten einen wichtigen Beitrag zur lokalen Erinnerungskultur."

„Viel halte ich von der Bewerbung von Hanna Ida Bähr, weil es sich um ein Projekt einer einzelnen Schülerin handelt. Hanna Ida Bähr hat eine tolle Recherche erstellt und ihre Ergebnisse nicht nur im Unterricht präsentiert. Ihr Projekt mündete in Gedenktafeln für Max Wolff; außerdem organisierte sie eine virtuelle Gedenkstättenführung für ihre Schule."

Danilo Kovač

Aus der Bewerbung:

Title: A case study comparing good practices of Holocaust education in England and Republika Srpska (Master's thesis), Location: University College London, Tutor: Arthur Chapman.

The aim of this research is to analyse good practices in teaching the Holocaust, comparing classroom lessons in Republika Srpska (Bosnia and Herzegovina) and England (United Kingdom).The research method firstly incorporated questionnaires, followed by interviews with teachers and students, and then lesson observation of teaching and learning practices. By cross-referencing the collected data from the two education systems, the case study attempts to identify best practices and discrepancies of notable value to be shared and exchanged.

What are the main discrepancies between the teachers' and students' answers? The data undoubtedly show that the students in Republika Srpska are much more optimistic about the potential of Holocaust education to reduce political tensions, not only compared to their English peers, but also in comparison to their teachers. A similar discrepancy exists among English teachers and students. Conversely to the context of Republika Srpska, teachers from England seem more optimistic about this potential of Holocaust education compared to their students.

As it has not been the case in England, there are certain discrepancies in Republika Srpska between teachers' and students' opinions when it comes to photographs of Holocaust atrocities as a teaching aid. Unlike their teachers, the students hold this pedagogical resource in high regard. On the other hand, both, teachers and students from England are convincingly in favour of using the photographs of Holocaust atrocities in the classroom walls.

A different approach to disturbing aspects of the Holocaust between students and teachers is evident in both education systems. While all teachers in Republika Srpska found distressing topics challenging to teach, no student referred to disturbing content of the Holocaust as a learning challenge. In a similar vein, no student from England reported this challenge in the context of learning about atrocities, while half of the English teachers found the same topic difficult to teach. Furthermore, life in concentration camps and testimonies of survivors are two topics that are most commonly identified to by English and Republika Srpska students either as inspirational, or topics they would like to learn more about. The data show a discrepancy between the topics teachers would like to include if they had complete freedom and the topics students would like to learn more about. This is the case in both education systems.

What the two systems can learn from each other? The research data show that teachers from Republika Srpska have not attempted to make any link between the recent warfare their country had gone through and the Holocaust education and in that manner any commentaries, perceptions, recommendations and suggestions beneficial to their English counterparts have been restricted. On the other hand, there have been several good practices revealed by British teachers which would be applicable to and exceptionally useful for the classrooms of Republika Srpska.

The presentation developed by the UCL Centre for Holocaust Education, about British responses to the Holocaust, by means of which the British educators raised not only historical, but also moral questions related to the Holocaust, resonates with the Republika Srpska teachers who hold moral aims in high regard. The manner the presentation has been developed may be explored for the benefits of the teachers of Republika Srpska. Even more importantly, the presentation introduced the inconvenient subject matter related to the lack of British reaction to the Holocaust and as such is extremely relevant for teachers in Republika Srpska who are yet to deal with the legacy of the Bosnian war.

Another potential benefit for educators from Republika Srpska shown by this limited-scale comparative study is the methodology used by an English IB teacher educating German students about Holocaust atrocities. An aspect which deserves particular attention in this context is his incorporation of most recent German positive contribution to the humankind and the question of refugees. In other words, having taught the Holocaust in the presence of German students, the teacher reflects on recent German efforts to make the world a better place to live. Like the English teacher addressing the Holocaust in the presence of German students, the Republika Srpska teachers are likely to experience a similar challenge - to teach the Bosnian war to the members of different nations involved in warring sides of the Bosnian war atrocities.

School trips have a potential value in exposing students to upsetting contents. A good practice from an English school shows students are academically and emotionally more prepared in the classroom setting led by experienced teachers, and they are subsequently allocated professional guides in the setting of a former concentration camp. This praxis is applicable to the context of Republika Srpska, when students visit exhibitions and museums.

The input and experience of an interviewed teacher from England could be very useful for the teachers in Republika Srpska. While teachers in Republika Srpska outline discussions, but struggle to be more specific about how they measure moral aims, one of the English teachers presented a clear strategy on what aspects of discussion and interaction she focuses on to measure her aims. Focusing on possible transformations in the way in which students envisage the world, and observing their engagement in schools and community activities, seems to be possible not only in England, but also in Republika Srpska.

What are the main similarities and differences between the two education systems? The data indicate a strong likelihood of teachers from England putting more value on historical, rather than on moral aims of teaching the Holocaust. The Republika Srpska teachers generally place more value on moral/social aims compared to their British colleagues.

There is a difference in the way teachers from the two systems measure their aims. Teachers of Republika Srpska tend to use more traditional methods such as oral and written examinations as well as discussions. On the other hand, British teachers introduced other methods drawing on students' interests and impressions of school trips and different forms of feedback.

Focusing on their most inspirational topics when teaching the Holocaust, it is evident that teachers of Republika Srpska are more inspired to teach historical topics, rather than focusing on social and moral aims, they hold in high regard. On the other hand, teachers in Britain seem more inspired to discuss moral questions raised by the Holocaust, even though they showed more preference for pure cognitive aims.

Contrary to the British teachers, half of the examinees' responses from Republika Srpska neglect the benefits of fictional films. Apart from that, the teachers from both education systems showed little or no consideration for the risk of students' memorising the content of fictional films as truth. Similarly, no teachers seem to challenge students' preconceptions of the Holocaust that have been conceived by watching the films outside of the history classroom. Apropos pedagogical resources, teachers from both the systems do not appear to consider the benefits of documentaries as powerful teaching aids in terms of developing media literacy. None of the interviewed teachers stated that they encourage students to consider or challenge points of view presented in documentaries. In a similar vein, the educators have not shown that they evaluate how a documentary director uses interviews or music to evoke emotions.

Students from Republika Srpska expressed more trust in the potential of Holocaust education to reduce political tensions compared to their peers in England. A notable difference in students' responses is also evident when it comes to historical goals of Holocaust education. Students in England, like their teachers, value this aim much more than their peers from Republika Srpska. This is the point where it seems that the difference in teachers' stances are reflected in students responses.

When it comes to learning challenges, the data shows that more students in Republika Srpska have challenges with the category of explaining the inexplicable compared to their English peers. On the other hand, students from England reported more challenges related to historical knowledge.

According to the data presented in the research, the film Schindler's List is by far the most commonly watched film among both, the students in Republika Srpska and England. In a similar vein, all interviewed students hold films in high regard in terms of their historical accuracy.

Apart form a scientific paper, I have published popular articles about the importance of teaching the persecution of the Serbs in the WWII properly, drawing on examples of good and original practices of teaching the Holocaust. They were on the main state media in Serbia and Republika Srpska and many other popular sites. Apart from that, I presented a part of the results on the commemoration of the 80th anniversary of the persecution of the Serbs in Herzegovina. Trebinje, Bosnia and Herzegovina, 28th June 2021.

The experience gained through the research helped me to design a new and original teaching practice, Holocaust and its causes, which entered in the ten most innovative high school teaching practices in Bosnia and Herzegovina for 2021, as selected by the NIN Award for innovative teachers.

I had been working as a history teacher in Republika Srpska. It might be sensible to assume that teaching the Holocaust properly is particularly important in post-conflict and still turbulent societies. Having studied in England, I wanted to discover what we can learn from good English practices. Given that Holocaust education in England is reputable, I wanted to discover what challenges they face. As a UCL student I wanted to benefit from the UCL Center for Holocaust Education.

Firstly, it is the hope that the ideas published on the sites above will be of use to teachers in Serbia and Bosna and Herzegovina. Secondly, the popular articles aim to arouse the attention of wider community on the question of teaching the persecution of the Serbs and the Holocaust properly. Thirdly, good and original English practices which I published in an international scientific journal (in the English language) might be of use to teachers beyond Serbia and Republika Srpska.

I published a paper in a scientific journal: A Case Study Comparing Good Practice in the Use of Pedagogical Resources in Holocaust Education in England and Republika Srpska, Istorija 20. veka, (1) p. 233-251. Other two papers, which are the result of the research are submitted to History Education Research

Journal and Matica Srpska Social Sciences Quarterly. And I have written a Ph.D. research proposal based on this project – Use and abuse of Holocaust education in post-conflict societies."

Jury-Stimmen:

„Der sehr spezifische Ansatz der Arbeit von Danilo Kovač ist wertvoll für die künftige Vermittlung des Holocaust vor dem Hintergrund der Traumaverarbeitung und Gewaltprävention. Hier treffen mehrere Herausforderungen aufeinander, verschiedene Erfahrungen, Wertvorstellungen, pädagogische Traditionen und Mentalitäten. Eine anspruchsvolle Untersuchung, die auch zum gegenseitigen Verständnis in Europa beitragen kann."
„Das Projekt bietet interessante Einsichten darin, wie in verschiedenen Ländern unterschiedlich mit der Geschichte des Holocaust und deren Vermittlung umgegangen wird und regt zum Nachdenken über zentrale Fragen an: Wie wollen wir die Geschichte des Holocaust vermitteln und was wollen wir vermitteln? Was können wir aus der Geschichte lernen?"

„Es ist wichtig, Holocaust Education international zu vergleichen."

Erika Silvestri

Berlin, Doktorandin, Zentrum für Antisemitismusforschung, TU Berlin / La Sapienza, Universität Rom

Aus der Bewerbung:

Titel des Projektes: „Pia Rimini, Deceduta in Deportazione" (Pia Rimini, gestorben während der Deportation).

„I am responsible for the project, which I designed, implemented and realized with the help of RFB publisher, in Italy. The project consisted in a re-edition of the novel 'Il Giunco', written in 1930 by the Italian Jewish writer Pia Rimini. Pia was arrested in Trieste in 1944 and deported to Auschwitz Birkenau. She never returned home. My project, accepted by the Italian publisher RFB, was to make Pia's unjustly forgotten work and story known to Italian society. For this reason I started a research project to reconstruct her whole life until her tragic death, finding details which her family never knew. Through consultation of various archives throughout Italy and Europe and interviews, I have written an accurate preface to the novel. The book will be published and distributed in the Italian bookshops in May 2022.

The story of Pia Rimini is a perfect example of the complexity of what the persecution of European Jews has been. She was a modern woman, she wanted to be a writer, to speak and write for other women. Born of Jewish origin, she did not feel Jewish, but for the Fascist regime her surname was enough to put her on the list of 'unwelcome authors', whose books were to be banned. For the Nazis she was Volljüdin and for this she was arrested and deported. Through the Ministry of Post-war Assistance, her father Edmondo Rimini requested news of his only daughter as early as October 1945, looking for her alive and possibly missing in the vicinity of Cracow.

Her personal file was closed only in 1967, without any information about her fate. Next to her name, no place or date of death, just three words common to so many others: "died in deportation'. Republishing her novel is, then, much more than an editorial gesture: it is giving Pia the chance to take the place she wanted, to speak to people through her written words. This book is a witness to her existence and the only place to meet, to listen, to find her again.

The reconstruction of Pia's story and her novel can be a useful tool for any teacher to use as part of an in-depth study of the Shoah. Reading her novel will be a possibility for many people to get to know her and learn through her story what happened to millions of innocent victims in the same years.

The aim of my project is to allow Pia Rimini's works to circulate and be read by anyone. In this way, it is possible both to tell the story of a victim of the Shoah and to allow her work to be rediscovered, discussed, appreciated.

The research to reconstruct the life and tragic fate of Pia Rimini will also become a biography, which I am writing and which will be published during 2023 by the same publisher. I also officially requested a Stumbling Stone for her, to be laid in front of her house in Trieste, in January 2024.

Pia Rimini was a talented writer, but her works were banned by the Fascist regime because she was Jewish; for the same reason, she was deported and killed in Auschwitz. My project wanted to bring her voice back to life."

Jury-Stimmen:

„Die Arbeit von Erika Silvestri wäre meiner Einschätzung nach ganz im Sinne der Holocaustüberlebenden R. Gabrie-le S. Silten gewesen. Als Schriftstellerin, Dichterin und Professorin für Sprachen und als aktive Zeitzeugin hat Gabriele Silten auf die Kraft des Wortes vertraut und sich in mehr als einer Sprache zu Hause gefühlt. Die italienische Sprache hat sie besonders geliebt. In ihrem Engagement zum Gedenken an die aus Triest stammende Schriftstellerin Pia Rimini hat Erika Silvestri einen wichtigen Beitrag dazu geleistet, dass eine im Holocaust umgekommene Künstlerin, deren Schicksal ungeklärt ist, im öffentlichen Gedächtnis weiterlebt. Eine deutsche Ausgabe ist dem im Mai 2022 in Italien veröffentlichten Buch zu wünschen, das an zerstörte Hoffnungen und Lebensträume der von den Nazis verfolgten Italienerin anknüpft. Und auch die Biografie sollte in Deutschland gelesen werden."

„Wichtiger Beitrag, um die vergessenen Werke verfolgter Menschen und deren persönliches Schicksal wieder in Erinnerung zu rufen."

„Sehr gut gefällt mir auch das Publikationsprojekt von Erika Silvestri, insbesondere in seiner Motivation: einer ermordeten, liberalen Jüdin und Feministin aus Italien posthum eine Stimme zu geben, die ihr genommen wurde. Die Kombination von Veröffentlichung des Romans mit biografischem Vorwort sowie zusätzlich geplanter Biografie ist ein sehr überzeugendes Herangehen zur Erinnerung und Auseinandersetzung mit der Shoah."

Indira Indorf
aus Osterholz-Scharmbeck

Aus der Bewerbung:

Schule: Integrierte Gesamtschule Osterholz-Scharmbeck.
Klasse: 13
Titel des Projektes. Eine Familiengeschichte.
Betreuerin: Frau König

Es geht um eine Familiengeschichte aus verschiedenen Blickwinkeln, die vom kommunikativen und kollektiven Gedächtnis geprägt ist. Für das Video habe ich den Schwiegersohn und die

Tochter von dem im Video genannten Lothar interviewt, sowie Dokumente, wie z.B. Postkarten, Flüchtlingsausweise etc. aus dieser Familiengeschichte zusammengetragen. In dem Interview habe ich lediglich drei offene Fragen gestellt, damit die Interviewten möglichst frei erzählen. Die Fragen lauteten: Was sind die prägendsten Erzählungen von Familienmitgliedern über den 2. Weltkrieg, die dir in Erinnerung geblieben sind? Wie nimmst du den Krieg auf Basis dieser Erzählungen wahr? Warum sollte man sich deiner Meinung nach an die Zeit des 2. Weltkriegs erinnern? Die Antworten auf diese Fragen dauern bei beiden jeweils über 10 Minuten, was deutlich macht, wie ausgeprägt die Erinnerung ist, wenn man sich mit ihr auseinandersetzt. Damit der Umfang des Videos nicht zu groß wird und nicht zu viele verschiedene Familiengeschichten aufeinander treffen, habe ich mich bei dem endgültigen Schnitt auf die Passagen über die Familiengeschichte von Lothar, Artur und Jettchen beschränkt, da nur für diese die passenden Dokumente vorhanden sind und wie oben genannt das Puzzle bzw. die Familiengeschichte vervollständigen. Die Emotionen sollen im weiteren Verlauf des Videos durch den Wechsel von Nacherzählungen der Interviewten und der vorgelesenen Dokumente erzeugt werden. Zum Abschluss des Videos habe ich ein Zitat von einem Auschwitz-Überlebenden eingefügt, das den Wert von Erinnerungen meiner Meinung nach sehr gut verdeutlicht und somit die wichtige Frage „Warum soll ich mich erinnern?", zusammen mit den letzten Sequenzen der Interviewten, beantwortet und die Wichtigkeit der subjektiven Erinnerungen verdeutlicht.

Was mich motiviert hat: Wir haben uns im Deutschunterricht, im Rahmen unseres Themas „Auseinandersetzung mit Krieg, Verfolgung und Vernichtung im Nationalsozialismus", mit der Frage „Warum soll ich mich erinnern?" beschäftigt. Die Erinnerung beziehungsweise das Wissen über den 2. Weltkrieg basiert, insbesondere für die jüngeren Generationen, auf Fakten und Daten, die im Schulunterricht oder durch Dokumentationen vermittelt werden. Diese objektiven Fakten vermitteln jedoch das Gefühl, dass man selbst nicht direkt etwas mit dem 2. Weltkrieg zu tun hat und man sich somit nicht weiter damit auseinandersetzen muss. Diese Annahme ist jedoch falsch und wird es auch immer sein. Denn in jeder Familie gibt es Vorfahren, die den Krieg miterlebt haben, ob als Soldaten, Vertriebene, Verfolgte oder als einfaches Volk. Ich wollte während der Arbeit an diesem Projekt vieles lernen, da ich mich viel intensiver und auf einer viel emotionaleren Ebene als je zuvor mit dem 2. Weltkrieg und dessen Folgen bzw. Auswirkungen insbesondere in Bezug auf Familien, auseinandersetzen wollte und letztendlich auch habe. So wollte bzw. konnte ich mein Vorwissen aus dem Unterricht erweitern und habe einen neuen Blickwinkel auf die Geschehnisse erlangt, was mich persönlich auch sehr berührt hat.

Der Krieg ist ein Teil und eine Beeinflussung einer jeden Familiengeschichte, was ich anhand des Videos verdeutlichen möchte. Dabei geht es nicht darum, die Rolle der beschriebenen Personen, ob Opfer oder Täter, zu klären, sondern lediglich die geschaffenen Erinnerungen weiterzugeben und sie somit am Leben zu halten. Ich möchte mit dem Video zeigen, dass das Erinnern ein Bestandteil jedes Leben sein sollte und fordere Betrachter auf, sich selbst mit der eigenen Familiengeschichte auseinanderzusetzen, denn der Holocaust ist ebenfalls ein Bestandteil ihrer Familie.

Der Koffer, der zu Beginn des Videos zu sehen ist, ist eine Metapher für die Verborgenheit der Erinnerungen in den Tiefen unseres Gedächtnisses, die zunächst geöffnet werden müssen, um sich ihrer Bedeutung wirklich bewusst zu werden. Diese Metapher wird durch die Aussage „Erinnerungen, denen man sich öffnen muss, um die Geschichte dahinter zu verstehen" unterstützt. Das Wort „öffnen" bezieht sich dabei auch auf den Zuschauer, der damit aufgefordert werden soll, die Emotionen dieser Erinnerungen zuzulassen und zu hinterfragen. Ich hoffe, dass das Video auch für andere eine Anregung ist, sich mit der eigenen Familiengeschichte und dem 2. Weltkrieg auseinander-zusetzen und so die Erinnerungen am Leben zu halten.

Der Holocaust und der zweite Weltkrieg scheinen, insbesondere für Jüngere, fern in der Vergangenheit zu liegen, jedoch ist es und wird es immer Teil einer jeden Familiengeschichte sein, für die man ein Bewusstsein entwickeln muss, um zukünftige und gegenwärtige Gräueltaten zu verhindern."

Jury-Stimmen:

„Was hat das mit mir zu tun? Indira Indorf hat es nicht bei der Frage belassen, ob Geschichte nachwirkt. Und ihre Arbeit ist ganz klar eine Aufforderung an andere ihres Alters, aber auch an künftige Generationen, einen individuellen Zugang zum Thema Zweiter Weltkrieg zu finden, wenn auch nicht explizit zum Thema Holocaust. Deutsche, europäische und Weltge-schichte persönlich zu nehmen, in der eigenen Familienge-schichte nach Verbindungen zu vergangenen Epochen und Ereignissen zu suchen und nachzuempfinden, wie unter-schiedlich Menschen eine Zeit erlebt und welche Lehren sie daraus gezogen haben, ist ein lebendiger Zugang zu einer Vergangenheit, die auch dann nicht abgeschlossen ist, wenn die letzten Zeitzeuginnen und Zeitzeugen gestorben sind. Auf der Gedenkwebsite von Indira Indorfs früherer Lehrerin bleibt der Beitrag zugänglich."

„Das Projekt hat leider keinen direkten Bezug zum Thema Holocaust. Positiv hervorzuheben ist allerdings die Beschäftigung mit einzelnen Familiengeschichten (bez. auch der Aufforderungscharakter, sich mit der eigenen Familien-Geschichte auseinanderzusetzen), die insbesondere auf ‚Täter-Seite' nach wie vor zu selten stattfindet."

„Indira Indorfs Projekt ist herausragend, erstens weil es ein Projekt einer einzelnen Schülerin ist, zweitens weil es mich inhaltlich, drittens methodisch überzeugt. Indira Indorf stellt sich einer Familiengeschichte in all ihren Ambivalenzen und Widersprüchen und fordert Gleichaltrige dazu auf, sich mit ihrer eigenen Familiengeschichte auseinanderzusetzen."

Klasse 8a von Laura Schröder
GS Berger Feld in Gelsenkirchen

Aus der Bewerbung:

„Die Klasse 8.4 hat sich im Rahmen der letzten Projektwoche sehr intensiv mit dem Thema ‚‚Stolpersteine als Teil von nachhaltiger Erinnerungskultur' beschäftigt. So entstand die Idee, dass wir gerne gemeinsam als Klasse die Patenschaft für einen ‚Stolperstein' übernehmen würden! Wir wollen auf diese Weise an Hella Grün, eine der vertriebenen (und später ermordeten) jüdischen Schülerinnen aus Gelsenkirchen, erinnern.

Wir können voller Stolz erzählen, dass unser ‚Stolperstein' für Hella Grün am 11. Juni 2022 an der Husemannstraße 39 (Gelsenkirchen - Altstadt) verlegt wird, denn dort hat die Familie Grün vor der Vertreibung und Ermordung gelebt. Wir konnten so viele Personen an der Schule für unser Vorhaben überzeugen, dass auch Paten für die weiteren 5 Familienmitglieder von Hella Grün gefunden wurden. Somit setzen wir ein Zeichen und Gedenken an Familie. An der Verlegungs- und Gedenkzeremonie wird unsere Klasse natürlich auch teilnehmen. Weitere Infos zu Familie Grün: http://www.stolpersteine-gelsenkirchen.de/ stolpersteine_familie_gruen.htm

Auch in Gelsenkirchen gibt es viele solcher ‚Stolpersteine'. Die Schülerinnen und Schüler aus unserer Klasse haben sich in der Projektwoche mit einem oder mehreren dieser ‚Stolpersteine' beschäftigt, haben sie in der Altstadt von Gelsenkirchen fotografiert und versucht, mehr über die Schicksale der genannten Personen herauszufinden. Besonders die Schicksale der vertriebenen Schülerinnen und Schüler am Grillo-Gymnasium haben uns zum Nachdenken gebracht. Des Weiteren haben wir das jüdische Museum in Dorsten besucht, eine Führung erhalten und haben dort ebenfalls an einem Workshop „Zivilcourage – Erinnerungskultur – gegenwärtiger Antisemitismus" teilgenommen. Natürlich haben wir uns auch viel mit Antisemitismus, der Person Adolf Hitler und verschiedenen Konzentrationslagern auseinandergesetzt. Im Rahmen eines Museumsrundganges haben wir unser neues Wissen mit dem gesamten achten Jahrgang der Gesamtschule Berger Feld geteilt. Anhand von anschaulich gestalteten Plakaten haben wir auf das Thema „Stolpersteine" aufmerksam gemacht und dazu angeregt, selbst einmal Stolpersteine auf dem Weg durch die Innenstadt zu betrachten."

Jury-Stimmen:

„Die Achtklässlerinnen und Achtklässler der GS Berger Feld in Gelsenkirchen haben sich für den Stolperstein für die im Alter von 13 Jahren in Sobibor ermordete Hella Grün engagiert und auch Überzeugungsarbeit geleistet, indem sie um Stolpersteinpatinnen und Stolpersteinpaten geworben haben. Sie haben Wissen erworben und es mit anderen geteilt. Ihr Projekt war dazu geeignet, das Zusammengehörigkeitsgefühl zu stärken, aber auch das Empfinden für Ungerechtigkeit, wie sie den jüdischen Schülerinnen und Schülern ihrer Schule schon mit dem Ausschluss vom Unterricht widerfahren war. Der Stolz auf die gemeinsam geleistete Erinnerungsarbeit ist den Jugendlichen anzumerken."

„Bei dem Projekt ist das Herzblut der Schüler deutlich spürbar. Positiv hervorzuheben ist hier vor allem der Bezug zur Lebenswelt der Schüler, handelte es sich bei Hella Grün doch um eine Schülerin aus der eigenen Stadt. Toll ist zudem, dass sie selbst aktiv um weitere Paten für weitere Stolpersteine der Familie geworben haben."

„Die vielfältigen Aktivitäten der Schüler:innen im Rahmen ihrer Projektwoche sind sehr zu begrüßen, insbesondere auch ihre Beschäftigung mit aktuellem Antisemitismus sowie die Tatsache, dass die Ergebnisse im gesamten Jahrgang präsentiert wurden."

Klara Marie Pippart aus Mainz

Aus der Bewerbung:

„Ich studiere Biologie, Deutsch und Evangelische Religionslehre für das gymnasiale Lehramt an der Johannes Gutenberg-Universität Mainz. Dort habe ich mich die letzten sechs Monate zum Zwecke meiner Masterarbeit unter Betreuung von Frau Prof. Dr. Dagmar von Hoff mit dem Film ‚Shoah' von Claude Lanzmann beschäftigt. Unter dem Titel „Der Ort und das Wort. Claude Lanzmanns Projekt SHOAH als filmische Umsetzung des Zivilisationsbruchs." habe ich die filmischen Mittel analysiert, die Claude Lanzmann zur Verdeutlichung des unfassbaren Schreckens der Judenvernichtung nutzte. Dabei spielte auch die Begrifflichkeit „Zivilisationsbruch" eine große Rolle, die von Dan Diner geprägt und später in unterschiedlichen Forschungswerken aufgegriffen wurde.

Da mein Vater an seiner Schule ein Zeitzeug:innenprojekt ins Leben gerufen hat, durfte ich schon früh persönlichen Schilderungen Betroffener zuhören. Vor allem durch die Begegnung mit Buddy Elias geprägt, hat mich die Beschäftigung mit dem Holocaust seither fasziniert und zeitgleich erschüttert. Leider gibt es immer weniger Überlebende, die über ihr Schicksal erzählen können. Gerade deswegen erscheint mir das filmische Werk von Claude Lanzmann so wertvoll. In ihm kommen unterschiedliche Menschen zu Wort. Keine schrecklichen Abbildungen stehen im Vordergrund, sondern die imaginativ entstehenden Bilder, bedingt durch die verbalen Schilderungen der Menschen. Um dies zu untersuchen, konzentrierte ich mich auf die Schwerpunkte ‚Landschaften als Erinnerungsorte‘, ‚Der Zug als Erinnerungszeichen‘, ‚Authentizität vs. Inszenierung‘, ‚Das mündliche Zeugnis‘, ‚Lanzmanns Interviewtechnik‘ und ‚Nonverbale Kommunikationsmittel‘ und habe anhand dieser Punkte das Projekt genauestens analysiert.

Dabei wurde mir klar, welche Bedeutung dieses Projekt für nachfolgende Generationen einnehmen kann. Aufgrund des Verschwindens der Zeitzeug:innen muss sich damit beschäftigt werden, wie man die Schrecken des Holocausts auf eine andere Art vermitteln kann – und dennoch den persönlichen Zugang möglich macht. Warum ist aber mein Projekt weiterführend? Durch meine Arbeit wird offen gelegt, wie sich die Erfahrung in den Konzentrationslagern im Leben der Überlebenden auswirkt, wo sich Spuren des Zivilisationsbruchs offen und verdeckt wiederfinden und warum die unfassbaren Gräueltaten weiterhin nicht zu fassen sind.

Eine Veröffentlichung meines Projekts wäre ein großer Traum, allerdings habe ich derzeit keine Möglichkeiten dazu. Feststeht allerdings, dass ich die Ergebnisse der Arbeit dazu nutzen möchte, didaktische Zugänge zu erarbeiten, die nicht nur ich in meinem späteren Berufsleben als Lehrerin nutzen kann, sondern die auch für andere Menschen hilfreich sein sollen, sich mit der Thematik ‚Holocaust' auseinanderzusetzen.

Meine Botschaft ist also: Aufgrund der Tatsache, dass immer weniger Menschen über ihre Erlebnisse in den Konzentrationslagern berichten können, müssen andere Möglichkeiten gefunden werden, die dortigen Schrecken zu bezeugen, wozu ich in meinem Projekt einen ersten Schritt zu gehen versucht habe."

Jury-Stimmen:

„Die lebendige Vermittlung von Geschichte, nicht nur der des Holocaust, ist eine besondere Herausforderung für Lehrkräfte. Als angehende Lehrerin hat Klara Pippart diese Herausforderung schon im Studium angenommen. Inspiriert von der Begegnung mit Buddy Elias, sucht sie sehr engagiert nach Wegen, das Unfassbare unfassbar sein zu lassen und gleichzeitig Empathie mit den Opfern der Shoah zu fördern, Verständnis für ihre Leiden und für ihr ‚Leben nach dem Überleben', wie es mehrere Autorinnen und Autoren von Holocaustbiografien genannt haben. In gewisser Hinsicht dürften sich ihre Erkenntnisse auch auf den Umgang mit heutigen und künftigen Menschenrechtsverletzungen übertragen lassen. Die suggestive Macht des Unsagbaren, Ungesagten, verleiht den dokumentierten Fakten eine menschliche Dimension, macht aus Angehörigen von Opfergruppen wieder Individuen. Und letztlich zeigt sich, wie zerbrechlich das ist, was wir Zivilisation nennen."

„Wichtiger Ansatz in Zeiten, in denen es immer weniger Zeitzeugen gibt. Eine didaktische Aufarbeitung des Films wäre sehr wünschenswert, da insbesondere für junge Menschen die Beschäftigung mit einzelnen Biografien und Schicksalen wichtig ist."

„Pipparts Thema, Lanzmanns Shoah in Zeiten des Sterbens der letzten Zeitzeug:innen einer neuen Würdigung zu unterziehen, überzeugt mich sehr. Auch ich denke, dass Lanzmanns Werk wieder an Bedeutung gewinnen kann und sollte. Leider plant Pippart keinen Output in Form einer Veröffentlichung ihrer Erkenntnisse für andere Lehrer:innen/Pädagogen."

Maëlle Lepitre,

Deutsch-französisches Master in Geschichtswissenschaft (Ruprecht-Karls-Universität) und Paris (EHESS)
Aus der Bewerbung:

Titel des Projektes: Jüdisches Mahnmal in Buchenwald. Eine mikrohistorische Untersuchung/The Jewish Memorial in Buchenwald. Betreuer: Prof. Dr. Cord Arendes (Heidelberg), Dr. Julien Blanc (EHESS). Meine Masterarbeit untersucht die Errichtung des „jüdischen Mahnmals" in Buchenwald am Anfang der 1990er-Jahre. Obwohl die jüdischen Häftlinge die größten Opfergruppe des KZ Buchenwald darstellen, wurden ihre Leiden während des Kalten Krieges aufgrund der politischen Instrumentalisierung der antifaschistischen Ideologie durch die DDR marginalisiert (Buchenwald diente nämlich zur Legitimation des ostdeutschen Staates durch die Hervorhebung des Widerstandskampfs im Lager). Nach dem Fall der Berlin Mauer haben sich jüdische Überlebende erfolgreich mobilisiert, um ein Denkmal für die jüdischen Opfer Buchenwalds errichten zu lassen. Dieser Fall ermöglicht eine Annäherung an die Anerkennung der Einzigkeit des Holocausts in Ostdeutschland nach der Wiedervereinigung. Anhand des aus den Memory Studies stammenden Unterschieds zwischen der Entstehung, Ästhetik und Rezeption eines Denkmals ist diese Arbeit als Dreischritt gegliedert (Analyse der Vorgeschichte, der Gestaltung und der Rezeption). Mit der Rekonstruktion der Geschichte des jüdischen Mahnmals habe ich gezeigt, dass die Wiedervereinigung tiefgreifende Erinnerungswirkungen in Ostdeutschland hatte. Diese Erinnerungsumstrukturierung, die noch nicht umfassend erforscht ist, erscheint als ein komplexes Phänomen, d. h. als ein konfliktreicher Wandlungsprozess, an dem eine Reihe von Akteuren beteiligt waren.

Eine Teilnahme im Jahre 2018 an einem „Sommerlager" in Buchenwald (einer internationalen 2-wöchigen Veranstaltung, die von ASF organisiert wurde, um eine intensive Auseinandersetzung von Jugendlichen mit der NS-Vergangenheit zu ermöglichen) hat mein Interesse für die Erinnerung an die jüdischen Leiden im KZ Buchenwald geweckt. Ich habe tatsächlich im Rahmen dieser Gelegenheit den Eindruck bekommen, dass die Erinnerung an die Judenverfolgungen in Buchenwald sehr lückenhaft war: Während mehrmals die Buchenwalder Schriftsteller Elie Wiesel und Imre Kertész thematisiert wurden, wurde ihre jüdische Herkunft nicht einmal erwähnt und das Schicksal der jüdischen Häftlinge in Buchenwald nie präzise dargestellt. Nach ausführlicher Literaturrecherche wurde es mir klar, dass auch keine Forschungsarbeit zur Erinnerung an jüdische Häftlinge in Buchenwald existiert. Mit meiner Masterarbeit, die aus Zeit- und Quellengründen auf den Fall der Errichtung des jüdischen Mahnmals beschränkt ist, wird beabsichtigt, einen ersten Beitrag zur Geschichte der Erinnerung der Judenverfolgung in Buchenwald zu leisten.

Ich habe eine Kopie meiner Masterarbeit (französischer Fassung) an verschiedene Mitarbeitende der Gedenkstätte Buchenwald übergeben, mit der ausdrücklichen Erlaubnis es an Dritte weiterzuleiten. Da meine Arbeit mit der Note „sehr gut"

(1,O) beurteilt worden ist und da es bisher keine bedeutende wissenschaftliche Arbeit zur Geschichte der Gedenkstätte Buchenwald auf Französisch gab, bestand seitens der Bildungsabteilung ein großes Interesse für meine Arbeit (als Dokumentation für französische Besuchende der Gedenkstätte, die ihre Kenntnisse vertiefen möchten). Außer der Verteidigung vor einer Jury von drei Dozierenden und den erforderlichen Präsentationen im Rahmen der Forschungskolloquien meiner Betreuer gab es keine öffentliche Darstellung meiner Arbeit. Nach der Verteidigung meiner Masterarbeit habe ich mich an der Universität Jena eingeschrieben, um meine Forschungen fortzusetzen. Unter der Betreuung von Prof. Dr. Jens-Christian Wagner promoviere ich zur Geschichte der Gedenkstätte Buchenwald nach 1989/90 und versuche damit die Entstehung der heutigen deutschen Erinnerungskultur in den 1990er-Jahren besser zu verstehen. Ich werde einen ersten Beitrag zu diesem Thema in The Palgrave Encyclopedia of Cultural Heritage and Conflict veröffentlichen. Gerne möchte ich Volkhard Knigge, ehem. Direktor der Gedenkstätte Buchenwald zitieren, der oben genannte Thematik und somit mein Forschungsvorhaben gekonnt auf den Punkt bringt: „Gedenken braucht Wissen."

Jury-Stimmen:

„Die Forschung von Maëlle Lepitre trägt dazu bei, mehr als eine Forschungslücke zu schließen. Es ist ein bemerkenswerter Beitrag zum gemeinsamen Erinnern, sowohl was die Häftlingsgruppen in Buchenwald angeht, als auch, was die Gedenkkultur in Ost- und Westdeutschland seit 1945 und die deutsch-französische Verständigung betrifft. Mit unverstelltem Blick aus einer neuen Perspektive kann sichtbar werden, was nicht ignoriert werden darf, wenn Geschichte als gemeinsames Erbe betrachtet wird, unabhängig von Ideologie oder Herkunft."

„Anhand der Geschichte eines lokalen Mahnmals wird hier sichtbar, wie sich die Erinnerung an die Judenverfolgung im Laufe der Zeit gewandelt hat und wie sehr diese von gesamtgesellschaftlichen und politischen Ereignissen beeinflusst wurde."

Eine Welt ohne Gespenster:
R. Gabriele S. Silten

Monika Felsing

Ihre Erfahrungen haben sie misstrauisch werden lassen. Aufgeschlossen ist sie aus freien Stücken: Ruth Gabriele Sarah Silten ist 1933 in Berlin geboren und hat Westerbork und Theresienstadt überlebt. Ihre Familie hat unter Antisemitismus gelitten, lange bevor sie das Wort dafür kannte. In jungen Jahren hat sie nahe Verwandte verloren und das Vertrauen darauf, dass Menschen auch wirklich menschlich handeln. Es gibt keine Chance, die Zeit zurückzudrehen, keine Chance, die Gespenster loszuwerden. Aber sie hat gelernt, mit einigen von ihnen umzugehen und gute Momente zu genießen. Jeder kann mit dem, was er tut, einen Unterschied machen, hat sie denen gesagt, die ihr zuhörten. Und sie hat einen Ort zum Leben gefunden. Ihre Mails kamen aus Kalifornien, USA, wo sie bis zu ihrem Tod im Herbst 2021 mit ihrer Frau und einer anderen Überlebenden wohnte, ihrer 85 Jahre alten Bärin Brunette. Ein Bär, gekauft in Berlin.

Die meiste Zeit ihres Lebens haben die beiden zusammen verbracht. Der Teddybär war ein Geschenk zu ihrem ersten Geburtstag. Amsterdam war eine Zeitlang ihr Zuhause, ein sicherer Ort, zumindest bis 1940 und von 1945 an, weit weg von der Stadt, die die Hauptstadt von Adolf Hitlers "Drittem Reich" geworden war. Ruth Gabriele Silten war fünf Jahre alt, als ihre

Eltern sich dafür entschieden, ins Exil zu gehen. "Ich wollte bleiben", erinnert sie sich. "Ich habe nicht verstanden, warum ich mein Spielzeug und meine Freunde verlassen sollte. Die einzigen Spielsachen, die ich mitnehmen durfte, waren meine Puppe Peter, ein Eichhörnchen von Steiff und mein Teddybär Brunette." Die Parkbänke, Restaurants und Spielplätze von Berlin waren schon für Juden verboten, das Geschäft der Familie verkauft. Die antijüdischen Gesetze von 1935 waren restriktiv gewesen, eine Verletzung der Menschenrechte, aber offenbar nicht das Ende legaler Diskriminierung, sondern nur ein weiterer Schritt auf dem Weg zu Raub, Deportation und Mord. Trotz allem zögerten viele Deutsche jüdischer Abstammung, Orthodoxe und Mitglieder jüdischer Reformgemeinden genauso wie Atheisten, Kommunisten, Sozialisten, fromme Katholiken und nationalkonservative Protestanten, ihre Heimat zu verlassen. Das galt auch für Gabrieles Großmütter Gertrud Teppich, geborene Herz, and Marta Silten, geborene Friedberg, und ihren Großvater väterlicherseits, den Apotheker Dr. Ernst Silten.

„Ich erinnere mich an den Tag, an dem wir weg sind", schreibt R. Gabriele S. Silten in einer von zahlreichen Mails im Juli 2019. „Alle waren am Bahnhof, und ich hatte Angst, dass der Zug ohne uns losfahren würde, weil es mir als Fünfjähriger so vorkam, als ob der Dampf der Lokomotive bedeutete, dass der Zug jede Minute losfahren würde." Unvorstellbar, dass sie nur eine ihrer Großmütter wiedersehen würde. "Niemand hat mir erklärt, warum wir nach Amsterdam gingen. Ich hatte keine Ahnung, dass dieser Umzug von Dauer sein würde", fährt die Holocaustüberlebende, Buchautorin und Dichterin fort, während sie eine lange Liste von Fragen durchgeht. „Ich erinnere mich überhaupt nicht an die Reise und kaum an meine Kindheit in Berlin. Woran ich mich erinnere, sind Spaziergänge im Park mit Omi Marta und ihrem Hund Piet, einem Bedlington Terrier. Ich erinnere mich auch daran, dass ich in Omi Trudels Haus war und mit ihren ausgestopften Hunden spielen durfte."

Ruth Gabriele Silten hat ihren Großvater mütterlicherseits, Richard Teppich, Opa Richard, nicht gekannt, denn er war 1931 gestorben, kurz bevor ihre Eltern geheiratet hatten, und in Weißensee begraben. Ihre Großmutter Gertrud Teppich nannte sie Omi Trudel. „Sie und Richard hatten drei Töchter", schreibt R. Gabriele S. Silten. „Anita, die Älteste, die mit achtdreiviertel Jahren gestorben war. Dann meine Mutter Ilse, die im Februar 1909 zur Welt gekommen war, und als letzte meine Tante Ursula, genannt Ulle, die im Dezember 1914 geboren war. Sie ist in die Schweiz gegangen und dort geblieben." Ein weiteres Kind von Gertrud und Richard Teppich war tot zur Welt gekommen. Anita, die so jung gestorben war, hatte an Kinderlähmung gelitten.

Bevor sie Berlin 1938 verließen, waren Gabriele und ihre Mutter nach Lugano gefahren und hatten Ulle besucht. Erst nach dem Krieg sollten sich Nichte und Tante näher kennen lernen. Vielleicht wollte Ilse Silten herausfinden, ob es eine Möglichkeit gab, ebenfalls in die Schweiz zu entkommen, vielleicht hatte sie einfach Sehnsucht nach ihrer kleinen Schwester gehabt, und vielleicht traf beides zu. An der Grenze fragte noch niemand nach Pässen mit einem Stempel „J" für „Jude", dessen Einführung die Schweizer den Nazibehörden angeraten hatten, damit Grenzbeamte Touristen und Geschäftsreisende von Verfolgten und Flüchtlingen unterscheiden konnten. "Das Rettungsboot ist voll", hatte ein Schweizer Politiker, Eduard von Steiger, gesagt. Etwa 11000 Flüchtlinge lebten zu diesem Zeitpunkt in der Schweiz, ungezählte andere waren bereits an den Grenzen zurückgeschickt worden. Die Konferenz von Evian von 1938 hatte Erwartungen geweckt, ohne sie im Mindesten zu erfüllen. Auf der ganzen Welt schlossen sich Türen, ein paar davon leise, andere mit einem lauten Knall. Sogar Länder wie die Niederlande veränderten ihre Politik. Jede Minute zählte. Jeder Strohhalm konnte sich in eine rettende Brücke verwandeln.

Die Siltens, lange Zeit eine überaus respektierte Familie, wohnten in der Knesebeckstraße 28 im bürgerlichen Wilmersdorf. In ihrer Kindheit hatte R. Gabriele S. Silten keine Berührung mit der jüdischen Religion. Alles, was sie darüber weiß, hat sie von einem Rabbi gelernt, von den Achtzigern an. Heute liebt sie jüdische Traditionen und die Musik und geht in die Synagoge. Ihre Eltern aber waren nicht religiös gewesen, hatten weder Chanukka noch Jom Kippur oder Pessach gefeiert, nicht koscher gegessen und auch keine Sabbatregeln eingehalten. Für die Nazis machte das keinen Unterschied.

„Als Kind hatte ich keine Ahnung, wer Hitler war, nur so eine Vorstellung, dass es da einen ‚bösen Mann' gab, der irgendwas tat", schreibt R. Gabriele S. Silten 2019. „Das Wort Antisemitismus habe ich gelernt, als ich zwölf war, aber ich wusste schon früher, was es bedeutete, Juden zu hassen." In Berlin sind „Stolpersteine" verlegt worden, für die Siltens und für Gertrud Teppich, die in der Luisenstraße gelebt hatte, umgeben von ihren ausgestopften Hunden und Souvenirs aus glücklicheren Zeiten. Erhalten ist ein Foto aus dem Jahr 1923, das aufgenommen worden war, als sie mit ihrem Mann und ihrer strahlend schönen Tochter Urlaub auf der Nordseeinsel Norderney gemacht hatte. Die Sonne schien, aber am Horizont waren bereits dunkle Wolken aufgetaucht: In anderen Touristenorten, wie auf der Insel Borkum, akzeptierten Hotels schon keine jüdischen Gäste mehr. Jüdische Organisationen erteilten Ratschläge, wohin man fahren konnte und wo man besser nicht nach einem Zimmer fragte.

Inzwischen waren in Berlin und in allen anderen deutschen Städten in Deutschland Schilder an Restauranttüren, Theaterportalen und anderen Plätzen angebracht: „Für Juden verboten! Juden unerwünscht!" 1940 wurde Gertrud Teppich, geborene Herz, von den Nazis gezwungen, ihre geräumige

Wohnung zu veräußern. Ihrer Haushälterin gelang es, sie zu kaufen, und die Witwe konnte in ihrer vertrauten Umgebung bleiben. Sie wohnte in der Luisenstraße, bis sie für einen Transport in ein Lager namens Auschwitz im besetzten Polen vorgesehen war. Wusste sie, was das bedeutete? Falls sie davon gehört hatte, entschied sie sich, nicht herauszufinden, ob die Gerüchte der Wahrheit entsprachen. Am 11. November 1942 nahm sich die 62-Jährige das Leben. Sie war vorbereitet. Der Schwiegervater ihrer Tochter hatte sie mit dem Gift versorgt. Es war sein Beruf, der die letzte Tür öffnete. Zu anderen Zeiten war er dazu da, die Gesundheit zu erhalten.

In dem wirtschaftlichen Auf und Ab der Weimarer Republik war das Familienoberhaupt der Siltens in seiner Wissenschaft und seinem Geschäft erfolgreich gewesen. „Opa Ernst war ein Apotheker, seine Apotheke war die Kaiser Friedrich Apotheke in der damaligen Karlstraße", weiß Ruth Gabriele Sarah Silten. Die Apotheke existiert noch, wenn auch unter einem anderen Namen in der heutigen Reinhardtstraße. Es war nicht der einzige Namenswechsel. Nach dem Ersten Weltkrieg hatte Ernst Silberstein, der 1866 in Königsberg, Ostpreußen, geboren war, den Familiennamen Silten angenommen. Er ging nach Berlin, machte mehrere Erfindungen und gründete eine pharmazeutische Fabrik, die „Sauerstoff Centrale für medizinische Zwecke Dr. Ernst Silten". Seine Firma stellte Inhaliergeräte her, unter anderem einen Apparat namens „Atmos".

Ein Antidotarium, hergestellt in den Zwanzigern oder Dreißigern in Ernst Siltens Fabrik, eine handliche Ledertasche mit medizinischen Gegenmitteln für eine Soforthilfe bei Vergiftung, gehört zur Sammlung des Deutschen

Apothekenmuseum im Heidelberger Schloss. Gift war, wie es das Schicksal wollte, die einzige Waffe, die Ernst Silten geblieben war. Als die Gestapo im März 1943 kam, um ihn zu holen, wurde er gewarnt und nahm Veronal. Vier Monate später tat seine Witwe das Gleiche in Westerbork, als ihr Name auf der Deportationsliste nach Auschwitz stand. „Sie sind meine Helden", sagte R. Gabriele S. Silten über ihre beiden Großmütter und ihren Großvater.

Marta und Ernst Silten hatten zwei Söhne: Heinz war 1901 geboren, Fritz drei Jahre jünger. Fritz Silten wurde auch Apotheker, und wie sein Vater verfasste er eine Doktorarbeit. 1929 übernahm er die Apotheke. 1936 wurde die Familie von den Nazis genötigt, das Geschäft an einen "Arier" zu verkaufen. Die Fabrik im Osten der Hauptstadt wurde 1938 geschlossen. Drei Jahre später wurde sie unter dem Namen „Atmos" wieder eröffnet, und 1942 zog sie nach Freiburg um. Auf der Website des Unternehmens liest sich das so: „In einer Berliner Apotheke fing alles an. 1888 wird in Berlin die Kaiser Friedrich Apotheke von Dr. Ernst Silten gegründet, 30 Jahre später ist aus der Apotheke eine Sauerstoffzentrale geworden. Hier entsteht 1926 der erste so genannte ‚Saug-, Druck- und Heißluftapparat für medizinische Zwecke', die Kernkompetenz von ATMOS ist geboren. 1941 erhält das Unternehmen den Namen ATMOS und wechselt 1942 von Berlin nach Freiburg im Breisgau." Kein Wort darüber, was mit dem Mann geschah, der das medizinische Gerät entwickelt hatte. „Nach dem Krieg sind Vereinbarungen getroffen worden, für Zahlungen anstelle einer Rückgabe", erinnerte sich die Enkelin von Dr. Ernst Silten. Heute hat die Firma Kunden auf der ganzen Welt, und ihr Slogan klingt wie ein eingelöstes Versprechen: „Inventions for a better life."

Ein besseres Leben war, was sich Ernst Silten erhofft hatte, als er Königsberg verließ. Jahrzehnte später verloren er und seine Familie Stück für Stück alles, was sie hatten. „Mein Vater entschied, dass wir nach Amsterdam ziehen würden, wo es für Juden sicherer war", erinnerte sich R. Gabriele S. Silten. Auch ihr Onkel Heinz war der Ansicht, dass es besser wäre zu gehen. Er emigrierte nach England und nannte sich von da an Henry. Als er im Alter von 52 Jahren an Krebs starb, hinterließ er eine Witwe. Die Frau hatte ihm geholfen, als er nach England gekommen war, und irgendwann hatten die beiden geheiratet.

Sein jüngerer Bruder hatte schon in den Dreißigern eine eigene Familie, um deren Wohl er sich sorgte. Im August 1931 hatten Fritz Silten und seine Braut Ilse Teppich geheiratet. 1933 wurde Ruth Gabriele geboren, ein kleines Mädchen mit dunklem Haar und großen brauen Augen. Gabi, wie die Familie sie nannte, sollte ein Einzelkind bleiben. Es gibt ein Foto von ihr, wie sie einen Raum betritt, ihren ehrwürdig aussehenden, formell gekleideten Opa Ernst an der Hand. Auch ein Doppelportrait der Zweijährigen und ihrer Omi Marta existiert: Die beiden kuscheln. Augenblicke völligen Friedens und Glücks.

Berlin zu verlassen, bedeutete, das kleine Mädchen aus seinem behüteten Umfeld zu reißen. „Mein erster Eindruck von Amsterdam war tatsächlich die Pension, in der meine Eltern und ich eine Weile wohnten, bis meine Mutter die Wohnung gefunden hatte", erinnerte sich R. Gabriele S. Silten. „Ich blieb in der Obhut der Pensionswirtin, während mein Vater an der Arbeit war und meine Mutter auf Wohnungssuche." Sie fanden ein Apartment in der damaligen Noorder Amstellaan in Amsterdam Zuid, die nach dem Krieg in Churchilllaan umbenannt wurde. Das Exil in den Niederlanden hätte vorübergehend sein sollen, aber niemand wusste, wie lange es möglicherweise dauern konnte. „Ich musste eine ganz neue Sprache lernen, als ich dort in den Kindergarten kam", schrieb R. Gabriele S. Silten in einer E-Mail. "Aber ich habe bald neue Freunde gefunden."

Viele deutschsprachige Juden, Flüchtlinge aus Deutschland, Österreich, Breslau, Prag und anderen Teilen Europas lebten damals in Amsterdam Zuid, und ihre Kinder waren gut integriert. 1939 kam Marta Silten, Omi Marta, um bei der kleinen Familie zu wohnen. Nach dem „Anschluss" des Sudetenlandes und Österreichs, nach den Pogromen vom November 1938 in Deutschland und der Deportation von Tausenden jüdischer Männer in Konzentrationslager wie Dachau bei München, Buchenwald bei Weimar und Sachsenhausen bei Berlin hofften sogar diejenigen zu entkommen, die versucht hatten, sich selbst davon zu überzeugen, dass es nicht mehr schlimmer kommen konnte.

Im Mai 1940 überschritt die deutsche Wehrmacht die holländische Grenze und fiel in das Nachbarland ein. „Ich sah die Soldaten von unserem Fenster aus marschieren", erinnerte sich R. Gabriele S. Silten. „Von da an hatte ich Angst. Meist, wenn ich auf der Straße war und nicht wusste, ob ich Deutsch sprechen sollte, wenn sie mich ansprechen würden, oder Niederländisch. Ich wusste nicht, was sicherer war. In der Schule mussten wir den gelben ‚Judenstern' tragen, und ich konnte nicht mehr mit meinen christlichen Freunden spielen." Zumindest nicht draußen. Zum Glück wohnte ihre beste Freundin Carla in der Wohnung über ihr. „Carlas Familie war katholisch, praktizierte aber den Glauben nicht. Carla und ich spielten zusammen und haben uns gegenseitig zu Hause besucht, um zu spielen." Die Dachböden waren miteinander verbunden durch eine niedrige Tür, und so konnten Gabriele und Carla zusammenkommen, als es verboten war.

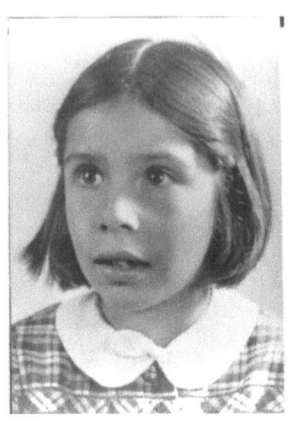

Schon bald lernte der junge Flüchtling alles über die unterschiedlichen Uniformen. Schwarz bedeutete, es war ein nieder-
ländischer Polizeibeamter. „Und du bist stehen geblieben." Grün
bedeutete, es war ein deutscher Soldat. „Und du bist gerannt."
In der jüdischen Schule, die Gabriele jetzt zu besuchen hatte,
hielten die Lehrer die Kinder dazu an, vorsichtig zu sein und zu
lügen, sollte ein Deutscher in Uniform beispielsweise fragen, wie
dieses oder jenes Obst schmeckte. „Wir durften keine Früchte
haben."

In der niederländischen Buchreihe „Witnessing the Holocaust",
herausgegeben von Tom Bijvoet, war R. Gabriele S. Silten eine
von 16 Zeitzeuginnen und Zeitzeugen, die auf Englisch über das
berichteten, was sie erlebt hatten: „Wenn wir morgens ins
Klassenzimmer kamen, haben die Lehrer als Erstes nachgesehen,
ob wir alle einen gelben Stern hatten. Falls ein Kind keinen
hatte, mussten sie einen Pullover oder irgendein anderes
Kleidungsstück borgen gehen. Das war gegen das Gesetz, aber
zumindest hatte jeder einen gelben Stern. Die nächste Lektion
war: ‚Was würdest du sagen, falls ein Soldat in die Klasse käme
und dich fragen würde, wann deine Eltern gestern Abend
heimgekommen sind?' Die Antwort musste natürlich sein, ‚vor

acht Uhr' (Sperrstunde), aber nicht zu nah dran. Irgendetwas wie halb acht oder Viertel nach sechs, damit es glaubhaft klang." Und sie fügte hinzu: „Als Juden war es uns nicht erlaubt, ins Kino oder ins Schwimmbad zu gehen, auf Parkbänken zu sitzen, im Park zu spielen, Radios zu besitzen, einzukaufen, außer zwischen drei und fünf Uhr nachmittags, ins Theater zu gehen, in Konzerte oder wenigstens in den Zirkus. Es war uns nicht gestattet, den öffentlichen Nahverkehr zu nutzen. Jüdische Männer verloren ihre Arbeitsstelle, sie durften nicht länger Journalisten sein, keine Dirigenten, Ärzte, Rechtsanwälte oder Angehörige anderer Berufe." Und es gab Augenblicke der deutschen Inquisition, auch für Kinder. „Einmal", erinnerte sich Gabriele Silten, „kamen sie ins Klassenzimmer, und einmal haben sie mich auf der Straße angehalten..."

Zu Hause standen ein Rucksack und ein „Brotsack", vollgestopft mit Kleidern und Dokumenten, bereit. Kinder und ihre Familien verschwanden von einem Tag zum anderen, weil sie „weggebracht" worden oder untergetaucht waren. Regelmäßig wurden Lehrer ausgetauscht, wie die 49-Jährige im April 1983 in einem Interview am Rande einer Versammlung von Holocaustüberlebenden berichtete. Das Audio und ein Video von einer anderen Gelegenheit sind gemeinsam mit anderen Dokumenten auf der Website des United States Holocaust Memorial Museum (USHMM) zu finden.

Anders als die Franks aus Frankfurt entschieden sich Fritz und Ilse Silten gegen das Untertauchen. Und während Betty und Karl Baer aus Hessen mit ihrem Sohn Alfred in der benachbarten Biesboschstraat Zuflucht gefunden und ihren jüngeren Sohn Herbert mit einem Kindertransport nach England in Sicherheit gebracht hatten, war es für sie keine Option gewesen, sich von ihrem einzigen Kind zu trennen. „Besser zusammen leben oder sterben als aufgeteilt werden", hatte Gabrieles

Vater gesagt. Die zehn Jahre alte Puppenmutter aber hatte ihre eigene Entscheidung getroffen. Als immer mehr Juden deportiert wurden, war sie bereit, ihre Bärin und das Eichhörnchen wegzugeben. „Ich habe Carla gefragt, ob Brunette bei ihr ‚untertauchen' könnte, und sie hat ja gesagt."

Die Razzien begannen. Das erste Mal wurden die Siltens nachts verhaftet. Sie wurden zu dem städtischen Theater gebracht, das zu einem Sammellager geworden war, durften aber nach Hause zurückkehren. Und dann kam der 20. Juni 1943, ein warmer, sonniger Sonntag, der Tag einer Verhaftungswelle. In dieser großen Razzia wurden die Großmutter, die Mutter, der Vater und die Tochter die Treppen hinunter geführt, während christliche Nachbarn zusahen. Einige von ihnen weinten, unfähig zu helfen. „Viele Leute standen auf der Straße oder hingen am Fenster und beobachteten, was vor sich ging", schrieb R. Gabriele S. Silten in der holländischen Buchreihe. „Aber nicht jeder war feindselig. Ich erinnere mich deutlich daran, dass Frau Gijtenbeek, die Besitzerin des Lebensmittelladens an der Ecke, zu mir gekommen ist mit einer kleinen Tüte in ihrer Hand. In der Tüte waren Süßigkeiten, die sie mir geben wollte." Gabriele hatte ihrer Freundin schnell noch eine Nachricht hinterlassen. Sie nahm ihre Puppe Peter mit und wusste Brunette in Sicherheit. Ein bisschen später gingen Carlas Eltern in die verwaiste Wohnung und holten ein paar Dinge, um sie für die Siltens aufzuheben.

Die Gruppe wurde zu einem Platz in Amsterdam gebracht und dann zum Hauptbahnhof. In einem Viehwaggon fuhren sie nach Westerbork. Die Schiebetüren waren eine Kinderhand breit offen, das reichte, um ein bisschen Luft hereinzulassen, aber nicht genug, um viel zu sehen oder hinauszukommen. Sie brauchten zwölf Stunden, obwohl es nicht weit war. „Alle hatten große Angst. Wir wussten nicht, wohin es ging." Nach der

Ankunft fand sich Ruth Gabriele Silten vor einer der Baracken wieder. „Wir mussten uns in Westerbork registrieren lassen. Meine Eltern gingen hinein und ließen mich draußen auf einem Stuhl zurück. Nach einer langen Weile fing ich an zu weinen." Irgendwer musste ihre Mutter informiert haben, also kam sie, um sie zu holen. Die Inhaftierten schliefen in schlafsaalähnlich eingerichteten Räumen in Stockbetten, auf einer Seite Frauen und Mädchen, auf der anderen Männer und Jungen. Die Ernährung war schlecht. R. Gabriele S. Silten erinnerte sich nur an Brot, obwohl sie sicher ist, dass es auch etwas anderes zu essen gegeben hat. Tagsüber arbeiteten ihre Eltern, und sie selbst lernte, etwas zu stehlen, das man gegen Lebensmittel eintauschen konnte. Als die Großmutter das Gift genommen hatte und gestorben war, erzählten Ilse und Fritz Silten ihrer Tochter, Omi Marta sei krank gewesen. In einem E-Mail-Interview für die Online-Gedenkseite „Never again" von Chris Doyle erinnerte sich die Zeitzeugin 2009, was sie gefühlt hatte: „Ich habe sie sehr vermisst, vor allem anfangs. Sie war diejenige, die mir beim Rechnenlernen geholfen hat, als sie bei uns lebte, sie hat Kleider für meine Puppe genäht und mir gezeigt, wie man Zöpfe flicht. Ich habe all das vermisst. Aber Westerbork war so ein schrecklicher Ort, dass Kinder dort über Nacht erwachsen wurden. Ich wurde unabhängiger und spielte weniger, wenn überhaupt."

1944 wurden die drei nach Theresienstadt (Terezin) gebracht, eine frühere Garnisonstadt in der Nähe von Prag, die in ein Konzentrationslager verwandelt worden war. „In Theresienstadt war ich die ganze Zeit hungrig", schrieb R. Gabriele S. Silten. Was sie zu essen bekam, war hauptsächlich Kartoffelsuppe, die an Spülwasser erinnerte, mit ein paar Kartoffelschalen darin. Als die SS den Propagandafilm „Der Führer schenkt den Juden eine Stadt" drehen ließ, wurden Gabriele und ihre Mutter gezwungen, „Statistinnen" zu sein. Ihre Haare wurden frisiert, Make-up und andere Kleider wurden gestellt. Und zur Abwechslung trugen nicht alle einen gelben Stern über dem Herzen.

Im Jahr 1989 wurde R. Gabriele S. Silten von einer Gruppe anderer Überlebender ausgesucht, um ein Interview zu geben, eine Video-Aussage über das Situation im Lager. „Es sind Menschen gestorben, Tag und Nacht, es wurden Leute gehängt in der Mitte der Stadt", erzählte sie einer Interviewerin. „Es grassierten viele Krankheiten. Die Überlebensrate von Theresienstadt ist ganz genauso hoch wie die Überlebensrate von Bergen-Belsen. Ein Drittel der Leute, die dort hingebracht wurden, überlebte." Entweder starben sie in Theresienstadt oder sie wurden deportiert nach Sobibor oder Auschwitz und an andere Orte im Osten Europas. Als der Film fertig war, wurden die meisten der Mitwirkenden auf die Liste für einen Transport nach Auschwitz gesetzt und vergast, auch der Regisseur und Drehbuchschreiber, der jüdische Schauspieler und Sänger Kurt Gerron (Gerson), und Gabrieles zwei Jahre jüngeren Freund Hans Cossen aus Norden in Ostfriesland. „Hans ist am 19. Oktober 1944 gestorben", hat sie Jahrzehnte später herausgefunden, als sie eine Anfrage an ein Museum in Israel stellte.

Kurt Gerron, der mit Marlene Dietrich in „Der Blaue Engel" gespielt und 1941 Regie geführt hatte bei der Show „Muziek! Muziek!" in der Hollandsche Schouwburg in Amsterdam, hatte gehofft, sein Leben zu retten, indem er kooperierte. Er wurde im Alter von 47 Jahren am 30. Oktober 1944 in Auschwitz ermordet. Sein Drehbuch überstand die Nazizeit. Kurt Gerron hatte die Papiere Fritz Silten anvertraut, der sie aufbewahrte und sie nach dem Krieg an den Schriftsteller und Holocaustüberlebenden H. G. Adler („Theresienstadt 1941-1945. Antlitz einer Zwangsgemeinschaft" aus dem Jahr 1955) übergeben hatte, wie Dokumente der Wiener Library for the Study of the Holocaust and Genocide in London nahelegen. Die Bücherei ist nach Alfred Wiener (1885-1964) benannt, einem langjährigen

Repräsentanten des Centralvereins deutscher Staatsbürger jüdischen Glaubens. Wiener hatte die Verbrechen des Nazi-Regimes ab 1933 in Amsterdam dokumentiert. Das Archiv, das er 1939 nach London in Sicherheit brachte, gilt heute als älteste Stelle zur Erforschung des Holocaust.

In Theresienstadt mussten vom Herbst 1944 an selbst zehnjährige Kinder arbeiten. Gabriele wurde zunächst als Botin eingesetzt. Schon bald aber musste sie eine andere Aufgabe übernehmen. "Sie äscherten die Leichen von Menschen ein, die an Hunger, Krankheiten, Folter oder an etwas anderem gestorben waren." Kinder bildeten eine lebende Kette, reichten Kartons mit Asche weiter, vom Krematorium bis zu einem Lastwagen. Für diese Arbeit habe sie ein kleines Stückchen Wurst extra bekommen, erzählt die Zeitzeugin.

Theresienstadt sei nach Nationalitäten aufgeteilt gewesen, hat R. Gabriele S. Silten 1983 in einem Interview gesagt. Wie im Exil lebten die Siltens mit niederländischen Juden zusammen: Sie waren in den sogenannten "Hamburger Baracken" untergebracht. Fritz Silten arbeitete zunächst als Straßenfeger, dann als Apotheker, Ilse Silten zuerst als Reinemachefrau, dann in der Glimmerfabrik. R. Gabriele S. Silten erinnerte sich an illegale Schulen und Versammlungen und daran, dass Leute von Theresienstadt aus in den Osten geschickt wurden. „Osten" war ein Euphemismus für Auschwitz.

Was sie damals nicht wusste, war, dass jemand die Hand über sie hielt: Heinrich Dräger, ein Gasmaskenfabrikant, versuchte die Siltens zu retten. Die Journalistinnen Susanne Krejsa und Johanna Lutteroth haben 2012 im Nachrichtenmagazin „Der Spiegel" darüber geschrieben. Heinrich Dräger war Mitglied der NSDAP – und ein alter Geschäftsfreund von Ernst Silten. 30 Jahre lang hatten die beiden zusammengearbeitet. Im November 1940 bat Ernst Silten den Lübecker Fabrikbesitzer, seiner Familie beizustehen („Wenn Sie helfen könnten, würden Sie mich zu großem Dank verpflichten"). Immerhin hatte Dräger Kontakte, die er nutzen könnte. Unter anderem kannte er den Stadtkommandanten von Amsterdam, Hans Böhmcker, der Senator in Lübeck gewesen war. Fritz Silten hoffte darauf, Visa für Argentinien oder Palästina zu bekommen, doch Böhmcker behauptete, er könne im Augenblick nichts tun. Wenig später hörte Ernst Silten von einem Anwalt, der das vermutlich nicht von sich sagen würde. Der westfälische SS-Mann Helmut Pfeiffer (1907-1945) war die rechte Hand von Hans Frank im Reichssicherheitshauptamt.

Heinrich Dräger kaufte Zeit von Helmut Pfeiffer. Er bezahlte gut für einen Trick, der zunächst die Deportation von Ernst Silten hinauszögern sollte. Der Apotheker und Wissenschaftler wurde als kriegswichtig eingestuft, weil er angeblich in seiner früheren Fabrik an einer Methode zur schnelleren Wundheilung arbeitete. Nach der großen Razzia im Februar 1943 in Berlin und dem Freitod von Ernst Silten setzte Heinrich Dräger einiges daran, die Familie seines Freundes in Amsterdam zu retten. In einer geheimen Mission brachte Franz Missfeld, ein wichtiger Mitarbeiter der Drägerwerke, Forschungsunterlagen von Ernst Silten in die Niederlande. Und er konnte eine Stellungnahme des Leiters der Lübecker Klinik vorlegen, in der es hieß, dass Fritz Silten in der Lage sei, die Forschung seines Vaters fortzusetzen. Dräger drängte Pfeiffer dazu, zu tun, was unmöglich erschien, und soll ihm allein zwischen März 1944 und Januar 1945 rund 75 000 Reichsmark gezahlt haben, den Gegenwert von etwa 240 000 Euro. „Ich habe von Herrn Dräger erst vor vier oder fünf Jahren erfahren", schrieb R. Gabriele S. Silten in einer Mail. „Ich wusste, wir hatten Hilfe, wusste aber nicht, wer es war oder wie er uns geholfen hatte. Von Susanne Krejsa habe ich erfahren, dass es Heinrich Dräger war. Ich erinnere mich vage daran, dass mein Vater und ich ihn besucht haben, aber an sonst nichts. Er ist inzwischen tot, aber ich habe an seinen Sohn geschrieben, um ihm für die Hilfe seines Vaters zu danken."

Ab Mai 1944 hatte Fritz Silten sein eigenes Labor und eine andere Unterkunft für seine Familie. Am 9. Mai 1945 befreite die Sowjetarmee das Konzentrationslager, und die russischen Soldaten öffneten die Türen, auch die zur Quarantänestation, in der diejenigen untergebracht waren, die sich mit Typhus angesteckt hatten. Fritz Silten, der Apotheker, musste dabei helfen, sie zurückzubringen. Das Sterben ging ohnehin weiter.

Ilse, Fritz and Gabriele Silten gehörten zu denen, die im Juni 1945 in die Niederlande zurückkehrten. „Wir sind mit Armeeflugzeugen geflogen und dann in Zügen nach Hause gefahren", erinnert sich die Zeitzeugin. Etwa eine Woche blieben sie in der Philipps-Fabrik in Eindhoven, dann wurden sie in die Hauptstadt gebracht, die zur Feier der Befreiung über und über dekoriert war. Die Siltens wurden erwartet. Gabriele bekam ihre Teddybärin Brunette zurück. Das Eichhörnchen aber war weg. „Es hat den Krieg nicht überlebt. Carla hat es versehentlich einem Soldaten gegeben, der Holland befreit hatte", schrieb R. Gabriele S. Silten aus den USA. „Ich habe jetzt ein anderes Eichhörnchen von Steiff, das ich hier gekauft habe. Es ist nicht das gleiche wie das Original, aber es erfüllt seinen Zweck."

Gabrieles Kindheit war ein für allemal vorbei. „Ich habe mich nie wieder wie ein Kind gefühlt. Die Nachkriegsjahre waren schwierig, weil noch mehr als fünf Jahre lang alles rationiert war. Aber obwohl wir die Marken hatten, waren die Dinge nicht erhältlich. Wir hatten Marken für Fleisch und Eier, aber es gab keine. Auch viele andere Sachen nicht. Die Deutschen hatten die niederländischen Felder mit Salzwasser geflutet und ruiniert, all unsere Rinder und all unser Geflügel mitgenommen, und so war nichts übrig für die Niederländer."

Und wer war sie? Die Nazis hatten sie gelehrt, dass sie keine Deutsche mehr war, aber war sie wirklich Holländerin? Obwohl die NS-Gesetze etwas anderes behauptet hatten, war sie nicht jüdisch gewesen. Das hat sich erst in Amerika geändert. Und während jüdische Frauen im „Dritten Reich", von Januar 1939 an, gezwungen worden waren, Sara als zweiten Vornamen anzunehmen, entschied sie selbst dazu, Sarah zu sein. Wie die Frau von Abraham und Mutter von Isaak, deren Enkel die zwölf Stämme Israels gegründet hatten. Eine Mutter vieler Nationen und ein Kind von mehr als einer.

Es hatte sich großartig angefühlt, zurück in Amsterdam zu sein. „Ich konnte endlich wieder meine eigene Sprache sprechen und hatte keine Angst mehr vor Soldaten." Aber das Leben war noch nicht wieder normal. „Wir haben etwa ein Jahr bei Carlas Familie gelebt, bevor wir unsere Wohnung zurückbekamen. Eine holländische Nazi-Frau hatte sie bewohnt. Carlas Familie hatte sie der Polizei gemeldet. Als sie schließlich verhaftet wurde, konnten wir zurück in unser altes Apartment. In der Zwischenzeit hat es Carlas Familie irgendwie geschafft, die Nahrung für vier so zu strecken, dass sie für sieben reichte. Sie sind meine stillen Helden."

Nach der Befreiung sprach niemand über das, was die Familie durchgemacht hatte. Die Großeltern waren tot, alle Geschwister der Großeltern und deren Nachkommen ermordet worden. "Nach dem Krieg haben meine Eltern darüber geschwiegen", schrieb R. Gabriele S. Silten. „Ich bin sicher, das Leben war schwierig für sie, weil wir, als wir zurückkamen, nur noch das hatten, was wir auf dem Leib trugen, und nichts anderes. Mein Vater arbeitete weiter als Apotheker, in der Fabrik von jemand anderem, und irgendwann hat er wieder sein eigenes Geschäft aufgebaut. Vor dem Krieg hatte meine Mutter nie außerhalb des Hauses gearbeitet und tat das auch nicht nach dem Krieg. Ich ging wieder in die Schule, in die Grundschule. Meine Eltern sagten, dass es meine Aufgabe war, gute Noten zu bekommen und an die Zukunft zu denken. Aber als wir zurück waren, hatte ich keine Ahnung, was meine Zukunft sein könnte. Tatsächlich wusste ich nicht, was Zukunft überhaupt bedeutete. Ich hatte keine Hoffnungen, keine Wünsche und viele Ängste. Ich lebte von einem Tag zum nächsten. Immerhin konnte ich nie wissen, was passieren könnte. Die Deutschen waren einmal gekommen, sie könnten wiederkommen – oder jemand anders könnte kommen. Ich hatte auch Probleme in der Schule, weil ich die dritte und die vierte Klasse verpasst hatte und nach dem Krieg direkt in die fünfte Klasse gekommen war. Also war es schwierig, manche Dinge zu verstehen. Und zu allem Überfluss war ich kurzsichtig geworden und konnte an der Tafel nichts erkennen. Aber das war mir nicht klar. Ich dachte, jeder würde so sehen. Irgendwann haben es meine Eltern herausgefunden, und ich bekam eine Brille und konnte sehen. Ich war nach dem Krieg auch oft krank, wahrscheinlich wegen des Krieges. Meine Mutter hatte auch Gesundheitsprobleme. Alles in allem war das Leben also schwierig."

Man nahm damals an, dass Kinder sich der Gefahr nicht bewusst gewesen waren, in der sie gewesen waren, und dass sie vor dem Schlimmsten bewahrt worden waren. Was war aus jener Familie, diesem Freund, der oder der Nachbarin geworden? Sie sind nicht zurückgekommen, pflegten die Leute zu sagen. Und sobald klar wurde, was es mit Auschwitz auf sich hatte, schwand die Wahrscheinlichkeit, sich wiederzusehen.

Zwei Fotos sind an eine Mail aus Kalifornien angehängt. Auf dem älteren, aufgenommen im Dezember 1939, sitzt ein Schulmädchen vor einem Bild mit dem Zwarte Piet und Sinterklaas, und grinst in die Kamera. Und dann gibt es ein Porträt, aufgenommen nach der Befreiung, am Bahnhof von Amsterdam. Es zeigt eine sehr junge Erwachsene, nach zwei Jahren im Konzentrationslager. Der Kontrast spricht für sich selbst. War dieses Kind in der Lage, noch irgendjemandem zu vertrauen? „Ich habe nur mir selbst vertraut, nicht einmal meinen Eltern voll und ganz, weil wir in die Lager geschickt worden waren", schrieb R. Gabriele S. Silten. „Ich war dort sehr unabhängig geworden, eine Erwachsene schon im Alter von acht Jahren, von einem Tag zum nächsten, wegen des Krieges und den Soldaten um uns herum."

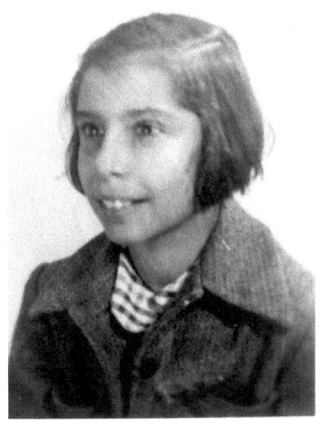

Bis zu ihrem Lebensende hasste sie Uniformen und hohe Stiefel und hielt Ausschau nach einem zweiten Ausgang, wo auch immer sie war. „Ich werfe immer noch einen Blick über meine Schulter, um zu sehen, wer da ist, und traue praktisch niemandem. Ich denke immer: Würden sie mich verstecken, wenn es so käme? Andere, die den Holocaust auch als Kinder überlebt haben, empfinden das genauso, wie sie mir gesagt haben. Bis ich 1985 in Therapie gegangen bin, hatte ich das Gefühl, wir, die Juden, seien ‚böse' gewesen, und die Deutschen hätten uns deshalb verschleppt. Ich hatte eine Art ‚schwarzen

Fleck' in mir, und es machte mir Angst, jüdisch zu sein. Das blieb so, bis ich die Therapie begann. Eine ziemlich lange Zeit! Die Therapie hat mir unheimlich geholfen." Noch immer gaben ihr geschlossene Türen ihr ein Gefühl von Sicherheit, genau wie eine verschlossene Gartenpforte, wie Leute, die sie kannte, und Orte, die ihr vertraut waren. „Bis zu einem gewissen Punkt ist meine Synagoge Sicherheit für mich, aber nicht vollständig", sagte sie. Und Freiheit? „Das bedeutet, dass ich hingehen kann, wohin ich will, und wann ich will. Es bedeutet, einen wunderbaren Beruf gehabt zu haben. Es bedeutet, warmes Wasser zu haben, wenn ich welches will, Essen in meinem Kühlschrank, mich mit warmem Wasser zu waschen, in einem sauberen Bett zu schlafen mit Betttüchern und einer echten Matratze und ohne Flöhe oder andere Insekten. Ich nehme an, Sicherheit ist all das auch."

Im Alter von 25 Jahren ging Gabriele Silten in die Vereinigten Staaten, um Freunde ihrer Eltern zu besuchen, und entschied sich, dort zu bleiben. Es war ein Neuanfang, in mehrfacher Hinsicht, beim Namen angefangen. „Meine Eltern und Großeltern nannten mich Gabi, aber die Amerikaner wussten nicht, wie man das richtig ausspricht, also bin ich zu meinem vollen Namen zurückgekehrt", schrieb sie in einer Mail. „Nur ein paar alte Freundinnen und Freunde nennen mich noch Gabi, und die meisten von ihnen sind Europäer oder Einwanderer." In Amsterdam hatte sie Englisch, Französisch und Deutsch in der Oberstufe gelernt. Viel später unterrichtete sie auch gelegentlich Italienisch und Spanisch als Professorin für Fremdsprachen. In den USA war sie zur University of California Los Angeles (UCLA) gewechselt und hatte ein Leben auf einem anderen Kontinent begonnen. „Es hat sich wie eine Befreiung angefühlt, dort zu sein, an einem Ort, an dem es keine Gespenster gab. Niemand hat mich damals nach meiner Vergangenheit gefragt, und ich sprach nicht darüber. Das hat sich geändert, als Holocaustüberlebende begannen, sich zu erkennen zu geben, und anfingen, über ihre Erfahrungen zu sprechen und zu schreiben. Davor hatte niemand etwas darüber hören wollen. Bei meinen Eltern war das Thema Krieg und alles, was damit zusammenhing, total tabu. Es wurde nie darüber gesprochen. Ich weiß nicht, wie meine Eltern zurechtgekommen sind." Sie selbst fing an, davon zu träumen, und entwickelte Symptome von posttraumatischem Stress. Also entschied sie sich mit 52 Jahren, eine Therapie bei einem Psychologen zu machen, der mehr oder weniger auf die Kinder spezialisiert war, die den Holocaust überlebt hatten. „Das half enorm", sagte sie 2019. „Es gibt immer noch ein paar Gespenster, aber ich weiß mit ihnen umzugehen."

Wie Hilda Stern Cohen aus Nieder-Ohmen und andere Holocaustüberlebende hat Gabriele S. Silten Gedichte geschrieben und irgendwann auch Prosa. Mehrere Bücher sind veröffentlicht worden, eines enthält das Gedicht „Passover Story", ihre Version des Exodus: "When, at long last, our thraldom ended, each of us, alone, incognizant of others of our kind, wandered for forty years in a desert of hallucinations, seeing family and friends, dead long ago; hearing their comforting voices, stilled long ago..." Als, nach langer Zeit, unsere Knechtschaft endete, wanderte jeder und jede von uns, allein, die uns ähnlich waren ausblendend, vierzig Jahre lang durch eine Wüste von Halluzinationen, wir sahen Familienangehörige und Freunde, seit Langem tot, hörten ihre tröstlichen Stimmen, vor langer Zeit zum Schweigen gebracht...

Das erste Mal hatte sie ihre Geschichte mit einer Gruppe geteilt, kurz nachdem sie Therapie begonnen hatte. Ihr Publikum war eine Seminargruppe an der Uni. „Danach waren es meist High-School-Klassen oder andere Gruppen, Kirchenrunden zum Beispiel oder Clubs. Es war sehr schwierig beim ersten Mal, und das ist es auch geblieben. Nach 25 Jahren habe ich es als gefühlsmäßig zu schwierig empfunden und aufgehört, mit ein paar Ausnahmen, wie die Hillel-Gruppe in meinen örtlichen Colleges. Ich war mit niemandem in Deutschland in Kontakt, obwohl eine Freundin von mir, die auch in Theresienstadt war, regelmäßig nach Deutschland geht, um in Schulen zu sprechen."

Weil andere sie dazu drängten, hat R. Gabriele S. Silten ihre eigene Geschichte aufgeschrieben. In Englisch. „Es gibt so etwas wie eine Heimat in der Sprache", räumte sie ein. „Hauptsächlich ist das heute Englisch für mich. Niederländisch auch, aber in zweiter Hinsicht. Deutsch kann ich sprechen, aber ich tue es ungern. Es erinnert mich zu sehr an die Vergangenheit." Sie liebte Bücher über Jiddisch, etwa Leo Rostens „Joy of Yiddish". Wie Hebräisch ist es keine der Sprachen, die sie in Kursen oder durch Zuhören gelernt hat. „In Deutschland ist Jiddisch zu meiner Zeit nicht von assimilierten Leuten gesprochen worden, und in Holland überhaupt nicht. Erst ein paar Jahre später ist mir klar geworden, dass meine Mutter viele jiddische Worte in ihrer Alltagssprache verwendet hat." Du kannst nicht zwei Dinge gleichzeitig tun, nicht mit einem Hintern auf zwei Hochzeiten tanzen, hatte ihre Mutter gesagt. „Man kann nicht mit einem Tochus auf zwei Hochzeiten tanzen." Und für den Abfalleimer verwendete sie den Ausdruck „Treifeeimer". Diese Worte sind wie Geräusche aus der Vergangenheit, Souvenirs wie der steife, langbeinige, brünette Bär, dessen Schnauze mit ein paar Stichen und dunkler Wolle repariert worden ist. Gabriele und Carla sind Freundinnen fürs Leben geblieben. Aber weil Carla keine große Briefschreiberin war, schrieben sie einander selten und hatten irgendwann den Kontakt verloren.

Das Wort Wiedergutmachung hat R. Gabriele S. Silten nach dem Krieg gelernt. Ihre Eltern haben von Amsterdam, London und Zürich aus Anträge gestellt. Und sie selbst reiste in den späten Neunzigern nach Deutschland, um ihren Anwalt zu treffen. „Es war schrecklich: Ich sah im Geist Naziflaggen und

Soldaten und habe mich sehr unwohl gefühlt. Ich hatte damals dorthin gehen müssen, für die Wiedergutmachung, aber ich habe es gehasst und mir geschworen, dass ich nie zurückkehren würde. Und das habe ich tatsächlich nicht." Nicht einmal, als „Stolpersteine" für ihre Großeltern und Eltern und sie selbst in Berlin verlegt worden waren. Und obwohl sie das Ganze angeregt hatte. „Ich denke, sie sind eine gute Idee."

In den USA kam sie in Kontakt mit anderen Überlebenden, meist solchen, die Kinder gewesen waren. „Ich habe andere überlebende Kinder in Amsterdam getroffen, nach dem Krieg, aber weil niemand darüber sprach, wusste ich nicht, dass es Überlebende waren", sagt sie. „Es gibt ‚Europa Cafés' in vielen Orten, aber ich habe nie teilgenommen, vor allem, weil die Fahrt zu weit ist." Sie hätte sich auch Stolpersteine in der Rivierenbuurt in Amsterdam gewünscht, aber es hieß, es würde lange dauern, weil so viele Bewerbungen für das internationale Gedenkprojekt des deutschen Künstlers Gunter Demnig vorlägen. In Amsterdam gibt es inzwischen Metallbänder am Rand einiger Grachten, die Hollandsche Schouwburg, die in ein Sammellager verwandelt worden war, ist jetzt eine Gedenkstätte, und die einstige jüdische Kinderkrippe auf der anderen Seite der Plantage Middenlaan ein Museum. Es gibt das Jüdische Museum, das Anne Frank Huis und andere Orte, um sich zu erinnern, wie die Gedenkseite Joods Monument im Internet. An der Fassade der früheren jüdischen Schule an der Jekerstraat ist im Februar 2018 eine Erinnerungstafel für die Kinder und Jugendlichen angebracht worden, die von den deutschen Besatzern verschleppt worden und nicht zurückgekehrt waren. „Van de Duitse Bezetter weggevoerd", steht darauf. „En keerden niet meer terug. Wij mogen hen nooit vergeten." Wir werden sie niemals vergessen.

Das erste autobiografische Prosabuch, veröffentlicht nach „High Tower Crumbling" (1991), einem der Gedichtbände von R.

Gabriele S. Silten, trug den Titel „Between Two Worlds: Autobiography of a Child Survivor of the Holocaust" (1995), das zweite hieß „Is the War Over? Postwar Years of a Child Survivor of the Holocaust" (2004). Beide sind nur noch mit Glück antiquarisch erhältlich. Auf der Website des Museum of Tolerance findet sich ein Interview mit der Autorin. Toleranz ist nicht das Wort, das sie verwenden würde, und sie ist immer auf der Suche nach dem richtigen, authentischen Ausdruck, als Zeitzeugin und als Schriftstellerin, ganz sicher auch als Dichterin und Interviewpartnerin. „Die Leute sprechen von ‚Toleranz'. Es bedeutete, dass du es mit Leuten aushältst, aber nicht notwendigerweise, dass du sie auch akzeptierst oder magst. Du wirst in der Schule oder irgendwo anders neben sie gesetzt und musst damit umgehen." Sie zieht das Wort „akzeptieren" vor. „Für mich bedeutet es, dass man keinen Unterschied macht bei Leuten. Wenn ich in Schulen und vor anderen Gruppen spreche, sage ich ihnen, sie sollen andere Menschen so nehmen, wie sie sind. Es ist egal, wie sie aussehen, was für eine Farbe ihre Haut hat oder welche Augenform sie haben. Innen drin sind wir alle gleich." Es ist ihre Botschaft, ein Ratschlag, der zu einer friedlichen Welt führt.

Am Ende von Recherchen stehen neue Recherchen. Wer war Hans Cossen? Diese Frage hat mich beschäftigt. Ruth Gabriele

Sarah Silten war davon ausgegangen, dass Hans, ihr bester Freund in Theresienstadt, ein Amsterdamer gewesen war. Tatsächlich aber stammte der Junge aus Norden in Ostfriesland und war wie sie in den Niederlanden im Exil gewesen. Eine Suche auf der Website Joods Monument, eine Anfrage an die Max-Windmüller-Gesellschaft in Emden und eine weitere Mail reichten, um den Kontakt zu Dieter Thomsen herzustellen, einem Verwandten des in Auschwitz ermordeten Jungen. Seine Mutter Berta Katmann war eine uneheliche Tochter von Hermann Cossen, der in Norden begraben liegt. Wann immer sie ihre nichtjüdische Mutter in der NS-Zeit besuchte, musste Berta Katmann auf der Hut sein. Wie viel sicherer war die junge Norderin, die von den Nazis als „Halbjüdin" oder „Mischling ersten Grades" eingestuft wurde, damals in Köln, wo kaum jemand sie kannte!

In der Heimatstadt der Cossens liegt ein „Stolperstein" für Hans, der als Vierjähriger 1939 mit seiner Familie nach Amsterdam geflohen, später über Westerbork nach Theresienstadt deportiert und am 19. Oktober 1944 gemeinsam mit seiner Mutter und seinem älteren Bruder in Auschwitz ermordet worden war. Auch der Eltern Eduard Cossen (1899-1945) und Susanne Cossen (1903-1944), geborene de Löwe, des Bruders Werner Cossen (1932-1944) und der in Sobibor ermordeten Großmutter Selma de Löwe (1875-1943), geborene Löwenbach, wird vor dem ehemaligen Haus der Familie in Norden gedacht.

„Bei meinen Nachforschungen bin ich mit der Hilfe von einer sehr guten Freundin in Ashdod, Israel, auf die Nachkommen von Bernhard Cossen in Buenos Aires gestoßen", schreibt Dieter Thomsen, der sich gemeinsam mit seiner Frau Ester in der ökumenischen Arbeitsgruppe Synagogenweg engagiert. „Bernhard war ein Bruder von Hermann." Und dann ging alles ganz schnell. Claudia de Levie, die in Argentinien geborene Freundin mit deutschen Wurzeln, kennt Suzan Feldmann, eine Enkel-

118

tochter von Bernhard Cossen, und konnte Jack de Lowe, einen über die USA nach Israel ausgewanderten Cousin von Hans, mit Gabriele Silten in Kontakt bringen. Mails in verschiedenen Sprachen wanderten zwischen vier Kontinenten hin und her, Ferngespräche wurden geführt. Wie war Hans, worüber haben sie damals geredet? Auf manche bisher unbeantwortete Frage kann die Zeitzeugin der Familie Antworten geben. Susanne Cossen, geborene de Löwe, hat Gabriele zum elften Geburtstag ein Geschenk gemacht, das sie nie vergessen hat: „eine Scheibe Brot mit etwas ‚Margarine' und etwas Zucker". Es sei das beste Geschenk gewesen, das sie je erhalten habe, schreibt sie in einer Mail.

Es bleibt nicht bei der Korrespondenz. Jacks Bruder Peter lebt in Kalifornien, gerade einmal eine Autostunde von Gabriele Silten entfernt und nimmt sich vor, sie zu besuchen. Und auch Clifford Lester, ein weiterer Verwandter, war interessiert. Seine Mutter Ursula Löwenbach aus Hannover ist als Jugendliche in den Niederlanden untergetaucht, sein Vater Harry Lester konnte 1939 aus Berlin in die USA fliehen. Um Menschen zu gedenken, die in der Shoah umgekommen sind oder das Glück hatten, den Nazis zu entkommen, hat Clifford Lester einfühlsame, beeindruckende Porträts veröffentlicht. Der Fotografieprofessor spricht von schönen Seelen. Seine Internetseite nennt er „A Celebration of Life", das Leben feiern. Und wir haben bei einem Treffen im September 2019 mit Dieter und Ester Thomsen in Norden einmal mehr festgestellt, wie glücklich Recherchen verlaufen können.

Im ersten Jahr der Corona-Pandemie durfte Gabriele Silten ihr Haus längere Zeit nicht verlassen, um sich nicht anzustecken. Wieder war sie eine Gefangene, auch wenn diesmal gut für sie gesorgt war. Wir haben sonst so die lähmend leere Zeit genutzt, um ihre beiden autobiografischen Bücher ins Deutsche zu übersetzen. Jeden Tag ein Kapitel. Ich übersetzte, sie las

Korrektur. „Mein Deutsch ist 1938 stehengeblieben", schrieb sie, aber das Lesen fiel ihr leicht. Als der zweite Band herauskam, war sie schon sehr schwach, aber sie hat noch verfügt, dass das Honorar in einen Preis zum Gedenken an ihre Familie fließen soll. Im Oktober 2021 ist R. Gabriele S. Silten gestorben. Möge sie in Frieden Ruhen. In einer Welt ohne Schmerz, ohne Hunger, ohne Kälte und ohne Gespenster.

Podcast „Deutschland auf der Flucht"

Erster Teil des Podcasts

Hine ma tov Umanaim (Kanon): Burghard Bock (Bremen, Mandoline und Gesang) und Veronika Bloemers (Frankfurt am Main, Ober-Gleen, Gesang und Chorleitung) und Publikum. Übersetzung: „Wie gut und wie freudvoll ist es für Brüder, in Einheit zu verweilen."

Begrüßung: Jürgen Moser (Erster Vorsitzender Lastoria e.V.)

Das Projekt „Deutschland auf der Flucht. Exil in Amsterdam Zuid 1933-1945", vorgestellt von der Historikerin und Journalistin Monika Felsing (Lastoria e.V., Bremen), die die Geschichtswerkstatt organisiert und unter anderem auch die Holocaustmemoiren von Ruth Stern Gasten, Ruth Stern Glass Earnest und R. Gabriele S. Silten in ehrenamtlicher Arbeit ins Deutsche übersetzt hat. Mehr dazu auf www.monikafelsing.de beispielsweise unter Amsterdam.

„A Rose for Nettie Green", das Stolpersteinlied des verstorbenen Musikers Paul Lindsay zur Erinnerung an Netti und Julius Grün und ihre Tochter Inge aus der Daniel-von-Büren-Straße 54 in Bremen. Die drei wurden in Minsk ermordet. Zu dem Lied gibt es ein von Filmemacher Alisdair Jardin mit Bremer Schauspielerinnen und Schauspielern gedrehtes Video: https://vimeo.com/37532649. Siehe auch http://www.film-buero-bremen.de/nettie-green und www.stolpersteine-bremen.de.

Stolpersteine Bremen, vorgestellt von Barbara Ebeling (Bremen). Mehr unter www.stolpersteine-bremen.de. Zu den in Bremen verlegten Stolpersteinen gibt es auch eine siebenteilige Bremer Buchreihe, die über den Handel erhältlich ist.

„Zuflucht auf Zeit", Vortrag und Dissertationsthema der Historikerin Christine Kausch (Münster/Berlin). Das Buch dazu ist in Arbeit.

Niederländisch-Crashkurs mit Emma Lehbib (Bremen/Groningen), die in Deutschland geboren, in Bremen mit drei Geschwistern aufgewachsen ist und in den Niederlanden International Law studiert. Emma Lehbibs Mutter Lemina El-Sheik ist als Kind aus ihrer von Marokko besetzten Heimat Westsahara vertrieben worden, Familienangehörige leben in Algerien in Lagern in der Wüste. Emmas jüngster Bruder, Adel (11), ist mehrfach in der Aufnahme zu hören. Unter anderem berichtet er von Kindern, die aus der Ukraine nach Deutschland geflohen sind und jetzt mit ihm Fußball spielen.

Hine ma tov Umanaim.

Zweiter Teil des Podcasts

Hashivenu mit Burghard Bock (Bremen, Mandoline und Gesang) und Veronika Bloemers (Frankfurt am Main/Ober-Gleen, Gesang und Chorleitung). Übersetzung: „Bringe uns, Herr, wieder zu dir, dass wir wieder heimkommen. Erneuere unsere Tage wie von ehedem." Mit diesem Lied beginnt, in einer anderen Aufnahme, auch das sechsteilige Hörbuch „Jiddisch Leben" des Lastoria e.V.

Child Survivors. Erinnerungen von fünf jungen Überlebenden, gelesen von vier Mitwirkenden der Hörbuchprojekte von Lastoria: Regina Dietzold (Bremen), Erika Thies (Worpswede/Bremen), Beruta Adolf (Bremen, Georg-Büchner-Buchhandlung am Ziegenmarkt) und Jürgen Moser (Bremen, 1. Vorsitzender des Lastoria e.V.). Nähere Informationen unter den Dokumenten.

Kinder auf der Flucht, Vortrag von Miriam Keesing (DOKIN, Amsterdam, Wortlaut unter den Dokumenten). Die langjährige Recherchearbeit von Miriam Keesing zu unbegleiteten Kindern und Jugendlichen, die in der NS-Zeit in den Niederlanden im Exil waren, ist auf ihrer Website https://www.dokin.nl/ dokumentiert. Dokin steht für: Duitse oorlogskinderen in Nederland. Inzwischen heißt das Projekt in deutscher Übersetzung „Deutsche und österreichische Kriegskinder in den Niederlanden" und soll in eine Dissertation münden.

Dritter Teil des Podcasts

Der Silten Preis

ist R. Gabriele S. Silten (1933-2021) und ihrer Familie gewidmet und 2022 erstmals vergeben worden. Die Enkelin des Berliner Apothekers Ernst Silten, der das Beatmungsgerät „Atmos" entwickelt hatte, hat ihr Leben im Exil, ihre Deportation und ihre Zeit in Westerbork und Theresienstadt in Gedichten und in ihren Memoiren beschrieben, die, in ehrenamtlicher Arbeit übersetzt, seit 2020 und 2021 in deutschen Ausgaben vorliegen: „Zwischen zwei Welten" und „Ist der Krieg vorbei?", erschienen bei BOD, erhältlich beim Verlag und im Buchhandel. Unterstützt wurde die erste Preisverleihung unter anderem vom Familienunternehmen Dräger, Lübeck. Auch das hat einen biografischen Hintergrund: Der Berliner Apotheker und Unternehmer Dr. Ernst Silten und der Lübecker Unternehmer Heinrich Dräger waren Geschäftspartner und Freunde. Schülerinnen, Schüler und Studierende waren aufgerufen, sich um diese Auszeichnung für Holocaustforschung zu bewerben. Zur Jury gehören die Anthropologin An Huitzing (Amsterdam) und die Historikerinnen Miriam Keesing (Dokin, Amsterdam),

Christine Kausch (Münster/Berlin), Anna Junge (Berlin) und Monika Felsing (Bremen, Lastoria).

Die Grine Kusine, Burghard Bock (Bremen, Mandoline und Gesang)

Laudatio, gehalten von Monika Felsing. Auszüge aus den Lobreden im Wortlaut unter den Dokumenten. Die Arbeiten von Schülerinnen und Schülern waren schwer mit denen von Studierenden, Doktorandinnen und Doktoranden vergleichbar, die Wahl fiel der Jury deshalb doppelt schwer. Letztlich sind mehrheitlich in Schulen entstandene Projekte ausgezeichnet worden, unter anderem, um den Vorbildcharakter eines solchen ehrenamtlichen Engagements hervorzuheben und Jugendliche zu motivieren, eigene Recherchen zu starten. Die Jury hat großen Wert darauf gelegt, dass alle Projekte eine Anerkennung erhalten, die nicht prämierten zumindest in Form von Urkunden und inhaltlicher Rückmeldung. Wir danken allen Bewerberinnen und Bewerbern für ihr Engagement in Sachen Erinnerungsarbeit und wünschen ihnen weiterhin viel Erfolg und öffentliches Interesse!

Dona Dona, Burghard Bock und Veronika Bloemers.

Laudatio, zweiter Teil (Wortlaut unter den Dokumenten). Die Zweitplatzierten waren vertreten durch Lotta Petry und den Lehrer Werner Pfau.

Hevenu Shalom Alechem, Burghard Bock, Veronika Bloemers und Publikum.

Laudatio, dritter Teil (Wortlaut unter den Dokumenten). Die Erstplatzierten waren vertreten durch **Maylin Tepe, Johanna Lamm, Gina Lüdecke, Jana Lüdecke, Maria Papenbrock, Lea Puke und Jael Zündorf.**

Tumbalalaika, Burghard Bock, Veronika Bloemers und Publikum.

Vierter Teil des Podcasts

„**Studio Wolff, 1943**", An Huitzing (Amsterdam): An Huitzing und ihre Tochter Tamara Becker haben das Buch „Op de foto in oorlogstijd. Studio Wolff 1943" geschrieben, über die Fotografin Annemie Wolff, geborene Koller, aus Laufen in Bayern und ihren Mann Helmuth Wolff, aber vor allem über die von Annemie Wolff porträtierten Verfolgten des Naziregimes, deren Schicksale sie recherchiert haben. Einige Fragen sind noch offen. Das Buch gibt es bisher ausschließlich auf Niederländisch. In Deutschland ist die Fotografin Annemie Wolff noch immer weitgehend unbekannt. Der Lastoria e.V. hofft, dass die Geschichtswerkstatt und das Amsterdam-Projekt „Deutschland auf der Flucht" ein wenig dazu beitragen können, das zu ändern.

Die Website www.spurensuche-bremen.de, vorgestellt von John Gerardu (Bremen).

Das Projekt „Aus den Akten auf die Bühne" der Universität Bremen und der Shakespeare Company Bremen, zu dem es auch Bücher und einen Audiowalk gibt, vorgestellt von Anja Hasler (Bremen). Mehr unter: https://www.shakespeare-company.com/aus-den-akten-auf-die-buehne und https://www.sprechende-akten.de.

Der Audiowalk besteht aus elf Hörstationen auf der Grundlage von Quellen aus dem Staatsarchiv Bremen über die Familie Rosenberg. Tochter Gertrud konnte in die USA fliehen. Ihre Eltern Siegmund und Frieda und ihr Bruder Helmut wurden ermordet. An die aus Bassum stammende Familie erinnern

Stolpersteine in Bremen. Man kann den Audiowalk mobil auf einem Rundgang durch die Bremer Innenstadt (Dauer: circa zwei Stunden) hören, aber auch zu Hause über den Link.

Abmoderation und Dank: Monika Felsing (Lastoria, Bremen).

Hine ma tov Umanaim (Kanon), Burghard Bock (Bremen, Mandoline und Gesang) und Veronika Bloemers (Gesang) und Publikum.

An Huitzing, links, und Miriam Keesing aus Amsterdam.

Emma Lehbib.

126

Nachwort

„Deutschland auf der Flucht", Amsterdam als Zuflucht. Unser ehrenamtliches Projekt geht weiter. Wir sammeln Daten, die anderen bei der Recherche nützlich sein können, netzwerken über Grenzen hinweg und sind offen für Kooperationen. Eine biografische Arbeit unter dem Titel „Bettys Nachbarn/Betty's buren" über Menschen im Exil in Amsterdam Zuid ist weit gediehen. Und wir haben vor, sobald das Preisgeld ein zweites Mal zusammengekommen ist, den Silten-Preis für Schülerinnen und Schüler, Studentinnen und Studenten erneut auszuschreiben, zur Erinnerung an R. Gabriele S. Silten und ihre Familie.

Herzlichen Dank an alle, die uns bisher in unserem Engagement unterstützt haben, ob nun materiell oder durch Zeit und ehrenamtliche Arbeit. Ohne Werner Landwehr keine Plakate und Faltblätter für die Geschichtswerkstatt, keine Urkunden für den Silten-Preis. Wolfgang Rulfs hat nicht nur die deutschen Ausgaben von Gabriele Siltens Büchern gestaltet, sondern auch all die anderen Sachbücher unseres Vereins und diese Dokumentation der Geschichtswerkstatt. Ohne die Unterstützung von Justus Randt, der auch während der Geschichtswerkstatt wieder fotografiert hat, hätten wir in Bremen, Hessen und den Niederlanden nicht so viel bewegt und weniger festgehalten. Mich mit Anna Junge, Miriam Keesing, An Huitzing und Christine Kausch auszutauschen und mit ihnen eine Jury zu bilden, war menschlich wie fachlich eine bereichernde Erfahrung. Auf das Hörbuchteam konnte ich bei der Programmgestaltung ebenso bauen wie auf den Vorstand unseres Vereins. Und auch Veronika Bloemers durfte nicht fehlen. Gemeinsam mit Burghard Bock hat sie quasi aus dem Stand ein wirklich beeindruckendes Konzert gegeben und alle zum Mitsingen angeregt. Souverän hat Emma Lehbib die schwierige Aufgabe gemeistert, als Anfängerin im Niederländischen einen Crashkurs zu leiten –

und wie im Podcast zu hören ist, hat nicht nur ihr Bruder Adel als jüngster Teilnehmer etwas von ihr gelernt. Danke an alle, die da waren, ob aus Bremen, Hoya, Osnabrück oder Hamburg, und an alle, die immer da sind.

Unser gemeinnütziger Geschichts- und Kulturverein freut sich weiterhin über neue Mitglieder und über Spenden, die unsere gemeinnützige Arbeit unterstützen. Wer speziell für den Silten-Preis spenden will, sollte bei der Überweisung den Hinweis „für Silten Preis" oder ähnliches hinzufügen. Die Kontonummer des Vereins steht auf www.lastoria-bremen.de unter Spenden. Kontakt für Anfragen unter der Adresse mail@lastoria-bremen.de.

Wer sich für unsere Projektarbeit interessiert oder sich einbringen will, kann sich gerne an mich wenden. Ergebnisse meiner Recherchen stehen auf meiner Website, die Podcasts der Geschichtswerkstatt in der Mediathek. Und meinen oberhessisch-hochdeutsch-englischen Blog bestücke ich mit Neuigkeiten, Audios und Fotos. Manchmal auch aus Amsterdam.

Met hartelijke groet,
herzliche Grüße,
best wishes, alles Gurre,

Monika Felsing
Historikerin Journalistin Buchautorin
ehrenamtlich tätig in Projekten
des Lastoria e.V. Bremen
www.monikafelsing.de
mail@lastoria-bremen.de